神津式　労働問題のレッスン／目次

第1章 神津式 労働問題のレッスン

第2章 暮らしの底上げ

まえがき

本書は少し異質な二つのかたまりで構成されています。

第1章は、日本全体を混乱に陥れた2017年の秋の総選挙における一連の顚末《てんまつ》において、思いがけず私自身が関わった事の真相はいったいどういうことだったのか、そして本来私が訴えたい労働問題の本質とはいったいどういうものなのか、という内容です。2018年の正月休みを利用して一気に書き上げました。「プロローグ」から「エピローグ」までを一つのまとまりとしてお読みになってみてください。

第2章は、2016年4月から2017年10月まで「サンデー毎日」に連載したコラム「暮らしの底上げ」からの抜粋、いわば日常生活の題材にヒントを得た私なりの連合運動小論です。何か犬猫の話が多くて、ちょっとおふざけにみえるかもしれませんが、本人は大まじめです。

第1章も第2章も実は根っこのところでつながっていると思っています。

人間も、多くの犬猫たちがひたむきに、そして誠実に生きている姿を、たまには我が身に照らすといいのになあ、とつくづく思う今日この頃です。

そんな思いも読み取っていただければ幸いです。

第1章

神津式 労働問題のレッスン

プロローグ

もう時間は遅いし、今日は無理だな。前原代表とは明日あらためての話となるが、しかし悠長に構えられる状況ではない。そんなことに頭をめぐらしていたときに胸ポケットの携帯電話がブルブルとふるえた。

「連絡がきました。今から会いに行きますが、お出でになれますか」。張りのある前原代表の声を聞いて、かろうじて間に合ったこのタイミングを大事にしようという思いが即座に口をついて出た。「わかりました。どちらに向かえばいいでしょうか」。物事が大きく動くときはこんな感じなのかなと思いつつ、そして期待感やその一方での不安感、もろもろの感情を飲み込みながら、指定の場所に向かうこととした。

時は2017年の秋、安倍総理の解散予告の記者会見があり、そして見事にその出鼻をくじいた小池代表の「希望の党」立ち上げの記者会見があった9月25日の翌日のことである。

労働組合の歴史はしばしば政治の歴史と並行してとらえられる。しかし間違えてはならない。労働運動と政治はあくまでも別物である。当たり前の話であるが、相互に越えてはならない矩《のり》があるということを、私自身人一倍意識しているつもりだ。このときにあってもそのことを肝に銘じつつ、しかしどうしてもはっきりさせなければならないことが私にはあった。

用意された都内のホテルの一室で話は始まった。既にこの日までに前原代表と小池代表の間である程度の話は進められてきており、私もその概要は昼間の時間に前原代表からお聞きしていた。

党内でもごく限られた人の範囲で相談されていたというその内容は、民進党と希望の党との事実上の合流という、驚くべき奇策である。政治家の重たい判断に対し、本来私たち労働組合は、「もっとやってくれ」とか「絶対にやめてくれ」などと口を出すべきではない。矩を越えるべきではない。その一方で私たち連合は、自らの政策の実現を図るために、考え方を共有する民進党に対して最大限の応援を重ねてきている。闇討ちのような解散に対して身を捨ててでも現在の政治の流れを変えていこうとする前原代表の決断は重たいものであったが、「希望の党」は果たして政策・理念で私たち連合と結び合える存在なのか？

連合は「政治」に正面から向き合う存在である。その理由はたった一つ。連合の持つ政策を実現し、働く者本位の社会を実現していくためである。驚くべき奇策の渦中にあって、これがそのことを担保するものであることは最低限確認しておかなければならない。普通であれば前原代表経由で間接的に進めたであろうその作業は、解散まで二日を切ったという一刻を争う状況のなか、三者会談で直接アプローチせざるを得なかった。図らずも、このあと一連の混沌を生じる狂想曲の開幕前夜に立ち会うこととなったのである。

1 「希望合流」狂想曲の顚末とわが国の政治風土

肩透かしとなった「二重党籍」問題

私の立場で最低限確認しなければならないのは、「希望の党」が果たして政策・理念で我々連合と結び合える存在なのか否かという点であったわけだが、同時に、やむにやまれず奇策の海へ船出しようとする民進党・前原丸において、その乗組員の方々が無事に目的地に到達できるか否かにも重大な関心を持っていたことは当然である。民進党の立候補予定者の大半の方々とは政策・理念を共有しており、日常的な連携も様々な形でとらせていただいている間柄である。

「事実上の合流」とみなされたこの奇策であったが、まだこの9月26日夜の段階においても、前原・小池両代表の間で細部は固まっていなかった。

実は前原代表から事前にお聞きしていた話のなかで、私の頭のなかでひっかかっていた話がいくつかあったのだが、そのうちの一つは政党所属の二重党籍の問題であった。これはその後の展開との関わりでも結果的に重たい要素となった問題である。

私があらかじめ前原代表から伺っていたのは民進党の衆議院の立候補者は民進党の党籍を持ったまま、希望の党の公認を得るということであった。そんなことが可能なのか？ このアイディアを聞いた段階では正直言って半信半疑の念は免れなかった。しかし解散から公示までの時間があまりない切迫した状況のなかにあって、座して死を待つわけにはいかない。その一方で、希望の党という党名を活かすことや単なる選挙協力をするつもりはないこと等の先方のこだわり自体は如何《いかん》ともしがたい。法的にも問題はないという裏付けも聞き、二重党籍については受けとめざるを得ないというのが、その時点での私の理解だった。

会談の大半の時間はその点のやりとりに費やされていた。解釈や見え方の協議が主に両代表の間で行われ、基本的な認識が共有された。

看板の掛け替えとは思われたくない、というのが小池代表の一貫したスタンスであったが、二重党籍に関してはこの時点では前原代表がその考えを押し切っていた。いわゆる小池カラーの政党に対しては、肌合いの合わない候補者、行きたくないという人もなかには出てくるであろう。そういう人にとっても民進党籍を維持できるということは一つのよすがになり得ると私は感じていた。

しかしこの二重党籍の枠組みはその後一日半の間に雲散霧消してしまうこととなる。9月28日に民進党の両院議員総会で確認された前原提案にはこの内容は全く入っておらず、希望の党の公認と民進党離党がセットとなっていた。二重党籍の話はどこかで抜け落ちてしまったのだ。

前原代表にとっては先方と話をまとめることが第一義であり、希望の党の公認を受けるためには民進党公認の仕組みはないという一線を明確にする必要があった。二重党籍が交渉のネックとなるのならば最終的なこだわりとせず、ということだったのかもしれない。

私がその変化を初めて認識したのは報道を通じてであった。肩透かしのような印象が残った。そしてそれは単なる印象にとどまらない問題を内包していることが、後日、私の頭のなかで刻々と膨らんでいくこととなるのである。

「議会は大丈夫です」

しかし、前原代表と小池代表のこの場における会話の雰囲気は、「とてつもない大きな変動が生ずる」という予感を持たせるには十分なものであった。前原さんの切り出しの発言は、それまでの小池さんとの会話でできあがっていた構図を前提に、「安倍政権を止める最大のチャンスがやってきた」「小池さんの新党とウチがつぶし合っては向こうが喜ぶだけ」というものであった。

しかし、そのことだけでは連合として希望の党を応援することの是非は判断できない。その確証を持つためには、働く者の政策を尊重するか否かを問わなければならない。

私は民進党との間で合意している政策協定の締結式を10月4日の連合大会初日に予定していることを冒頭で話し、前原代表からもそれにかぶせる形で、希望の党・小池代表の名前での締結を彼女に示唆していた。

二重党籍の話がひとしきり終わった後、私は再びこの件を持ち出した。

「これと同じ内容で政策協定を結ぶことができれば、すっきりとその枠組みのなかで応援ができるということになります」

10月4日の連合定期大会は傍聴者を含めて1500名規模の参加者による二年に一度の連合最大のイベントである。マスコミフルオープンというなかで大変動に向けたモードを一挙に高めることとなろう。

問題は都議会の日程であった。ただでさえ都知事の立場をどうするのかという批判も芽生えていた。都議会日程をおざなりにすることはあり得ない。

しかし自らの手帳を取り出した小池代表が発したのは「議会は大丈夫です」という一言だった。10月5日が会期末の都議会において、この4日は休会日だったのである。

大会の具体的な時刻まで確認されて、私は十分な手ごたえを感じつつ、左記の内容の政策協定書を預けたのである。

第48回衆議院選挙に向けた連合と民進党の政策協定（案）

実感なき景気回復のもとで、雇用・労働の劣化や貧困・格差の拡大が顕在化する中、安倍首相は大義なき解散を強行し、国民の政治への不信と失望はますます高まっている。

このような状況を打開するためには、民進党が〝All for All〟の政策理念のもと、社会の分断をなくし暮らしの安心と将来への希望につながる政策を示し、国民不在の政治からの脱却を求める有権者の結集軸となることが極めて重要である。連合はすべての生活者・働く者の立場に立った政策を実現するため、推薦候補者の全員勝利に向けて総力を結集する。

連合と民進党は以上の認識を共有し、第48回衆議院選挙に向けて、下記の重点政策に合意する。

重　点　政　策

1　民進党は、連合が目指す「働くことを軸とする安心社会」の実現に向け、以下の政策課題に重点的に取り組む。

（1）東日本大震災からの復興・再生に向け、雇用のミスマッチの解消、風評被害の払拭《ふっしょく》、放射性物質により汚染された廃棄物への適切な対応、地域コミュニティの再生などを着実に推進する。

（2）持続可能で健全な経済の発展に向け、経済・産業政策と雇用政策の一体的推進を実現する。税による所得再分配機能の強化や社会保障と税の一体改革の着実な推進など「公平・連帯・納得」の税制改革を実現するとともに、年度予算全体の中での財政規律を厳格化する。

（3）原子力エネルギーに代わるエネルギー源の確保、再生可能エネルギーの積極推進および省エネの推進を前提として、中長期的に原子力エネルギーに対する依存度を低減していき、最終的には原子力エネルギーに依存しない社会をめざしていく。

（4）雇用の安定と公正労働条件の確保に向け、労働者保護ルールの堅持と規制強化、時間外労働の上限規制の法制化などの長時間労働是正に向けた法整備、雇用形態にかかわらない均等待遇原則の法制化、雇用のセーフティネットの強化、正規雇用への転換促進、若年者雇用対策の強化、「誰もが時給1000円」の実現にむけた最低賃金の早期引き上げなどを推進する。

（5）男女平等社会の実現に向け、雇用における男女平等や女性活躍の推進、男女平等の視点に立った社会制度・慣行の見直しに取り組む。あわせて、ワーク・ライフ・バランス社会の早期実現に向け、育児や介護など両立支援に関する環境整備に取り組む。

（6）医療・介護・保育で働く人の処遇改善と勤務環境改善による人材確保を強力に進め、国民皆保険の下で、すべての世代が安心して暮らせる社会保障制度を確立する。子どもの貧困解消と、子ども・子育て支援の安定的な財源を確保し、制度を強化する。また、公的年金の機能を強化する。

（7）経済的格差による社会分断を防ぎ、貧困の連鎖を断ち切り、すべての子どもが希望する教育を受けられる社会を実現するため、就学前教育から高等教育まで、すべての教育にかかる費用を無償化する。また、教員の心身の健康の確保と働きがいの向上を通じて教育の質的向上をはかる。

(8)くらしの安心・安全の構築に向け、総合的な防災・減災対策の充実強化、地域の実情を踏まえた効率的な社会資本整備・まちづくりを推進する。地球環境問題への適切な対応、食料自給力の向上に向けた農林水産業の基盤強化と担い手育成、消費者視点での消費者政策を推進する。

(9)民主主義の基盤強化と国民の権利保障に向け、「新しい公共」の推進、民主的な公務員制度改革の推進、地方分権改革の推進、公契約基本法の制定、労働教育のカリキュラム化の推進をはかる。

(10)公正なグローバル化を通じた持続可能な社会の実現に向け、政府間会合における社会対話の促進、FTA/EPAにおけるILO中核的労働基準の遵守に取り組む。

2　以上の重点政策の実現に向け、連合は民進党を全面的に支援する。

3　この政策協定にもとづく個別課題の具体化については、十分な協議を行う。

2017年10月4日

日本労働組合総連合会会長

（署名）

民進党代表

（署名）

小沢さんの影がみえない

こんななかで頭にひっかかっていたことが一つあった。小沢一郎さんの関わりがいったいどうであったのかということだ。9月26日に前原代表・小池代表の会談に同席するお誘いを前原代表から受けていた際には、小沢さんもご一緒と聞いていた。夜遅くに指定の場所で前原代表に合流した時にも「小沢さんは一緒ではないのですか？」と問うたのだが、「一緒ではありません」との答えであった。直後の、独り言のような「なんと説明したらいいか」というつぶやきが耳に残った。

私は、ことは政治家の間の問題であり、前原代表がこの話を進めて行くうえではそうならざるを得なかったのであろうと、そのときは理解するしかなかった。

歴史にタラレバはないし、この奇策がそもそもどういう性格のものであったのか、その答えは永久に見つからないかもしれないが、もし小沢さんが途中から外れることなく最後までこの輪のなかにおられたらどうだったろうかという思いは拭うことができない。

私が政治家の方々と本格的にお付き合いをするようになったのは、連合本部に事務局長専従で詰めるようになった2013年の秋からである。それまでは連合傘下の産業別組織・基幹労連の委員長として、いわゆる組織内議員の方々を中心とした限られた範囲でのやりとりであった。そして私には「矩を越えず」、という意識が常にあったし、また、永田町の世界は自分の文化と違う、というような、なんとはなしの感覚が能動的な対応を遠ざけていたように思う。

小沢一郎という稀代の政治家に対しても、社会保障と税の一体改革に関わる三党合意を嫌って当時の民主党を割ってしまったことへのマイナスイメージが私の頭に残っていた。２０１６年の参院選の前段に、統一名簿（いわゆるオリーブの木構想）の実現が模索された際に初めてじっくりとお話しさせていただいたくらいであるから、例えば携帯電話の番号も存じ上げない。このときのような緊急事態にあっても直接連絡をとりあうような間柄ではなかったのだ（ちなみに小池代表ともこのときが実質初対面のようなものであり、お互いの電話番号を共有することとなったのは総選挙の公示日が過ぎてからであった）。

このあと一連の混沌のなかで、小池代表の周辺メンバーの高飛車な態度が展開されるたびに私は歯嚙みを繰り返した。

私は政界の「プレイヤー」ではない。しかし一筋縄ではいかないこの世界と伍していくためには、毒を食らわば皿までないとやっていけない。そもそも私自身の対人関係のスタンスは来るものは拒まずであり、それなりにオープンにしているつもりだったがそれだけでは不十分だ。不器用かもしれないが、虎穴に入らずんば虎児を得ずの姿勢を強めていくしかないと今は考えている。

いったいどうなっているんだ！

マスコミ報道を含めて、すわ政権交代かというほど世の中全体が沸き立ったのは9月28日までのほんのわずかの期間であった。29日には例の「排除発言」に象徴される後ろ向きの対応が浮上し、当初の「政治状況が大きく変わる」という見通しは急速にしぼんでいく。

連合は既におよそ200名の推薦候補を決定しており、その大半は民進党からの立候補予定者であったが、28日の両院議員総会での決定を経て、その全ての方々の政党からの公認は宙ぶらりんとなっていた。地方連合会も産別もみな、それぞれの推薦候補はいったいどういう形で出られるのか、29日の午後にはしびれを切らしはじめていた。現職はもとより、自分たちが長い間連携しながら応援してきている候補の帰趨《きすう》が全く見えない。公示日の10月10日までの日数は限られている。一日一日が大事なときに、全てが闇のなかとはいったいどういうことだ。

前原代表に電話を数度かけたが埒《らち》が明かない。こんなメール送信も当時の記録に残っている。

大変なながか、度々すみません。
今日はもう何も出てこないということでしょうか？
一次案、高飛車なものでしょうから、必ず蹴っ飛ばしてください。
このままでは切られたかたまりは民進で出ざるを得ないと。

そのあとしばらくして代表から電話を受けている。

前原＝本日15時から17時までやりました。（注＝おそらく玄葉さんとの共同対処・先方は若狭氏が中心か）。しかし何も出てきていません。双方基本の考え方にとどまっています。
神津＝メールはみてもらったと思います。地方連合会が持ちません。今日はもう何も出ないのですか？

前原＝小池さんとは話をする所存です。

貴重な土日を前にして何も出てこない。言いようのない苛立ちのなか、本部政治局から全国47の地方連合会あてに概略下記のような状況説明を出すのが精いっぱいであった。

地方連合事務局長　各位

民進党と希望の党の間での候補者調整について、様々な情報・憶測が飛び交っています。

小池代表が絞ると言っているのは事実です。

しかしながら、交渉は昨日始まったばかりです。

少なくとも民進党から何かが決まった、決まりつつあるとの話はありません。

（中略）

なお、政策協定については先方に玉を投げています。

まだ候補者調整中であり、それとの駆け引きとなっています。

（中略）本来であれば、選挙直前の週末で、各種取り組みとなる予定でしょうが、このような状況です。

申し訳ありませんが、ご理解のほど、よろしくお願いいたします。

辞めろというのですか？

連合の政策実現に欠かせない民進党の同志の公認手続きは全くの闇のなかとなり、「選別」や「排除」が公然と語られるなかで、選挙戦に向けた準備は停滞を余儀なくされた。そのような状況のなかで希望の党と日本維新の会による選挙協力も報道されるに及んだ。連合として、大阪で鋭い対立関係にある日本維新の会との協力はあり得ない。信義の破綻《はたん》は明白となっていた。

私は意を決して、9月30日の正午に前原代表を訪ね、事態の打開に向けた申し入れを行った。その場には、双方に同席者がいた。

「無所属で出ざるを得ない方々を救うためにも、民進党の名前で選挙に出られるようにしてください。先方は今日にも大阪維新との枠組みをつくるというではありませんか。信義則違反であり、これ以上我慢する必要はないと思います。公認に関わる先方の取り扱いや態度も極めて不誠実です」

それまでサンドイッチを勧めてくれていた前原さんの表情が一変した。

「それはできません。両院議員総会で決定済みです。それを変えろというのは私に辞めろと言っているのと同じです」

「タイムリミットです。連合として政策協定を結んで希望の党を支援するということもやれません。私は代表に辞めてくださいと言う立場にはありませんが、決断が必要なのではないでしょうか。今日中にすべきと考えます」

「現在先方との調整を行っている真っ最中です。全力をあげています。一両日だけ待ってください」

9月26日の晩に確認されていたはずの二重党籍の問題もいつの間にか話が変わってし

まっていたことは既に述べたとおりだが、そのことも付言しつつ押し問答を繰り返した。しかし埒はあかなかった。

やり場のない苛立ちを抱えつつ帰ろうとしたが、さほど広くない党本部のエレベーターホールには、数多くのカメラを含めた取材陣が殺到しており、立錐の余地もない。「状況が全く見えないので現状を問いました。代表からはあらためて報告する旨、返事を受けました」とだけ短く述べた。排除発言に対してどう思うかという質問には、語気を強めて「それはおかしい」とだけ答えた。

前原代表との間でのこのようなやりとりは果たして、「矩」を越えたのか越えていなかったのか、タッチーな問題でもあり経緯の詳細はこれまで明らかにせずに来ていた。人によって解釈は様々出てこよう。

しかし私のこのときの行動は、小池代表周辺の余りにも高飛車な態度に対して、前原代表にもっと強い態度に出てもらいたい、状況が打開できないのであればちゃぶ台をひっくり返してもらいたい、その一心であったのだ。

この落差はいったいなんだ？

9月28日の民進党の両院議員総会で確認された、総選挙における民進党と希望の党による合流は、民進党の身を捨てる覚悟によりなんとしても一強政治に終止符を打たんとするものとして、一瞬の期待を抱かせるものであった。しかしその後一連の希望の党側の不誠実な対応により、期待は大きく捻《ね》じ曲げられてしまった。

ところでこれらの不誠実な対応によってはるかかなたに霞んでしまったのだが、小池代表が9月27日に結党会見で公表した希望の党の綱領は以下のようなものであった。

我が党は、立憲主義と民主主義に立脚し、次の理念に基づき党の運営を行う。常に未来を見据え、そこを起点に今、この時、何をすべきかを発想するものとする。

一、我が国を含め世界で深刻化する社会の分断を包摂する、寛容な改革保守政党を目指す。

二、国民の知る権利を守るため情報公開を徹底し、国政の奥深いところにはびこる「しがらみ政治」から脱却する。
三、国民の生命・自由・財産を守り抜き、国民が希望と活力を持って暮らせる生活基盤を築き上げることを基本責務とする。
四、平和主義のもと、現実的な外交・安全保障政策を展開する。
五、税金の有効活用（ワイズ・スペンディング）の徹底、民間のイノベーションの最大活用を図り、持続可能な社会基盤の構築を目指す。
六、国民が多様な人生を送ることのできる社会を実現する。若者が希望を持ち、高齢者の健康長寿を促進し、女性も男性も活躍できる社会づくりに注力する。

恐らくこの綱領の存在は人々の脳裏には残っていない。このあとのいわゆる「踏み絵」と称されたものの内容とはあまりにも内容と質が違い過ぎる。

私たち連合は政策・理念をとことん大事にする集団だ。忽然《こつぜん》とあらわれた期待感のなかで示されたこの綱領を見たとき、誰がその後の展開のあきれるまでの傲慢な姿勢を予測できたであろうか。

「包摂」や「寛容」などという言葉を綱領のなかにちりばめておきながら、実際には日々「排除」の論理に終始する姿や、「リベラル」の概念をおとしめ愚弄するかのような姿勢は、偏狭な保守そのものであり国民政党としての包容力は全く感じられなかった。この落差はいったいなんであったのだろうか？

「流出した」とされ、マスコミに大きく取り上げられた政策協定書（いわゆる「踏み絵」）の内容は以下のようなものであった。

一、希望の党の綱領を支持し、「寛容な改革保守政党」を目指すこと
二、限定的な集団的自衛権の行使を含め安全保障法制を基本的に容認し、現実的な安全保障政策を支持すること
三、憲法改正を支持すること
四、2019年10月の消費税の10％への引き上げについては凍結を容認すること
五、外国人に対する地方参政権の付与については反対すること

六、政党支部において企業団体献金を受け取らないこと
七、本選挙にあたり党の指示する金額を党に提供すること
八、希望の党の公約を遵守すること

誰がこんな粗雑でギラギラした条文をこしらえ、そして「流出」させたのであろうか？　今もって不明である。

側近の影

実は9月26日の深夜、前原代表、小池代表に私が加わっていた際の会談のメンバーは巷間伝えられていた三名ではなく、小池代表側近の二名を加えた五名であった。着席した位置関係で小池さんに近い方からA氏・B氏としておこう。二人ともジャーナリズムの出身であり、B氏は著名な国会議員の秘書の経験も持っている。

B氏についてはかねてから若干の面識もある相手であったため、よもやの再会に驚きもし、また多少の心やすさも感じた。この会談の際の印象も悪くはなかった。その後

雲行きが悪くなり始めた9月28日の夜遅くには、夕食をともにしながら状況を探ってみたりもした。なにせ希望の党の組織機構自体が良くわからないのである。貴重な情報源と感じていた。

29日の「排除発言」が大きく取り上げられその後の流れが決定的となったため、それ以前の事柄は目立っていないが、実はこのような後ろ向きの流れは静かに始まっていた。27日の晩には前原代表が党内の根回しに動いている内容がマスコミにも知られるところとなり、小池代表も夜のテレビ出演ではそのことをなかば前提にした発言を始めていた。そのなかで、憲法や安全保障に関わる一人ひとりの考え方を確認するという類のことを述べている。「選別」という言い方もされている。失速の芽は生じてしまっていたのである。

28日の晩のB氏との会話では、彼自身も失速の危機感を有しているとのことであった。ただ当時、希望の党の体制は党と呼べるような実態にはなく、B氏自身もほとんど眠る時間もなく諸事雑事全般に対応しているという有り様であった。

混沌のさなか、苛立ちの極致のなかで、私にとってコアのところの情報源は前原代表の他には彼しかいなかった。しかし、その後たびたび電話を入れるのだが、反応がない。公認の状況が全く不明のまま推移するなか、29日の夕刻にはショートメールを連発し以下の内容を送り付けた。

今日は何も出てこないのでしょうか？ しつこいようですがゴタゴタ感の引きずりはマイナスです。せっかくこちらに来たモードがみるみる薄れていきます。安倍総理の自己保身を追及する側が、自己保身のせめぎ合いをズルズルと続ける姿は票を減らすだけです。自民党の持つふところの深さとも対比される恐れ大。三権の長がどうの、安全保障法案がこうの……自分の首を絞めています。時間がたてばたつほど地方連合会の怒りは増すばかりで、彼らに冷静さを求めてきている連合本部の立場も限界です。以上耳障りの悪い話で失礼ながら。

しばらくたってB氏からようやくの返信が来た。

全部伝えてます。小池さん、○○（筆者注＝A氏のこと）にも共有しています。前原さんにも共有、分かる範囲での状況を説明しています。

さらに、

ようやく事実関係判明。小池さん怒っています。私がこれから細野に会ってくることになりました。

当時、若狭氏・細野氏の様々な言動が失速の原因をつくっていたことは明るみに出ている。この日の朝の読売テレビでも若狭氏は「10月2日にも発表する第一次公認には民進党の候補者は入らず、来週半ばの第二次公認となる」などというとんでもない発言をしていた。

そしてこれらの、失速を助長する諸々の問題は当時出回っていた様々な「怪文書」ともあいまって致命的な段階に達していくのだが、私にはA氏・B氏の真意が本当のところどうであったのか、いまだに釈然としないのだ。

B氏は上述のように失速についての危機感を共有しているようにみえていたが、本人曰くその後本流から外されてしまい、その「排除」の流れを押しとどめることにはならなかった。最近になって当時のことを彼なりにオープンに語り始めているようであるが、9月26日のいわゆる三者会談情報リークの源が連合側にあったとの発言もされているようだ。その点を含めて不可解な対応が多いのは残念だ。

何かがおかしい、と思わざるを得ない。誰がみても全くバカげた稚拙な展開ではないか？ 世論の反応を甘く見るにもほどがある。そもそも一連の狂想曲全体がマスコミの大立者・政界のフィクサーが仕組んだ罠《わな》であるとのまことしやかな噂さえ一部にはあるのだ。

小池代表側近の存在とその動向に関してはこの間もあまり報じられていない。まさかジャーナリズムの出身者に対してはどこか矛先が鈍るということはあるまいが、あの人たちとはあまり関わりたくないという心理であろうか？ 一連の疑問にメディアはもっと深掘りをかけてもらいたいと思う。

新党の誕生

前原代表にキツい決断を迫った9月30日、実はその前段において「事務的な確認」をする必要を感じた私は、民進党の事務方を訪ねていた。

「事務的な確認」とは、公認申請をはねつけられ排除されてしまった候補者が、民進党あるいは新党から出馬する手立てを確保するためのルール上の確認である。まだ正式の公認リストが出ていない段階でありフライングといえばフライングだ。まして民進党事務局は前原代表の指揮下にある立場である。あくまでも仮定の話としてという前提でルールを確認する形をとったが、「排除リスト」や「踏み絵」などが出回っているなかで、その切迫性に関わる認識自体は共有されていた。

その場で何か結論めいたものが生まれたわけではない。重苦しい会話を重ねるうちに前原代表との面会の約束時間である正午がきた。この場は、いわば頭の体操のようなシミュレーションを繰り返したにとどまった。しかし私自身の、単に相手(小池代表周辺）のペースだけでこの状況をやり過ごすことは絶対に許されない、なんとかすべきだという思いに変わりはなかった。

その思いと軌を一にする形で、北海道は地域政党として独立して闘うということが模索され得ないものかという考えが私の頭から離れなかった。もともと北海道は愛知と並んで民進党の強い地域である。一方では雲行きの怪しいなかで「排除」の対象が相当出てきそうだというのが足もとの見通しでもあった。

私は連合北海道の出村良平会長への電話連絡において、地域政党の可能性についても率直に問うていた。しかしことはおおごとであり、そう簡単な話ではない。現地の民進党関係者の認識においても、今すぐに手続き的な問題をクリアーし総意による決断に踏み込むには未だハードルは高いというのが現実であった。

そうこうしているうちにも事態はさらに悪化していった。既に永田町に出回っていた「排除リスト」に加えて10月1日には「踏み絵」といわれた政策協定書の原案なるものも流出。「安保法制を基本的に容認する」という語句が物議をかもしていた。

前原代表がこの間、必死の対応を重ねていたことはもちろんである。政策面において、ハードなネゴを繰り返した結果、安保法制については「憲法との整合」や「不断の見直し」などの文言を盛り込ませるに至った。候補者調整に関しても10月1日の夜には一次リストの確定にやっとこぎつけ、民進党側では約140名の立候補にめどをつけた。しかしなおも途中経過であり、あまりにも時間がかかりすぎていた。既にそこに至るまでの間においてどこからか流出した「排除リスト」と「踏み絵」は修復のしようのない、強いマイナスの印象を世の中に残してしまっていた。

我々ですら我慢の限界にあったのであるから、候補者本人や陣営の方々の苛立ちは想像を絶するものがあったはずだ。このようななかで、新党が立ち上がったのはある意味で必然と言わざるを得ない。前述のように私自身も様々な可能性について頭をめぐらした。枝野さんに対して私が新党設立をあおった事実はないが、しかし電話でお互いの状況認識を照らし合わせ、1日の昼間にはついに「午後5時にスイッチを押します」とのお話を聞くに至った。来るところまで来た。

政治ってこんなもんだよ……政治ってこれでいいのか

このような状況で10月4日の連合定期大会を迎えることとなった。本来であれば政策協定を晴れやかに締結するはずであったが、混沌の嵐によって、そんなものは吹っ飛んでしまった。9月26日に先方に投げたタマはついに返ってくることはなかった。小池代表自身は周辺に任せておけば対処されると思っていたのかもしれない。しかし結果的にタマは側近に抱えられたままとなり、政策に関わる話といえば、全く別次元での両党間の協議が手間取るばかり、そしてついには「流出」された踏み絵云々だけが目立っていくこととなった。安保法制に関わる表現を中心としたネゴで時間はいたずらに浪費されていったのだ。

あり得ない状況下で開会された大会の冒頭で、私は何とも言えない思いを胸の奥に抑え込み、気持ちを奮い立たせながら主催者挨拶を述べた。以下は政治に関わる部分の抜粋である。

……そのような中で9月28日の民進党の両院議員総会で確認された、総選挙における民進党と希望の党による事実上の合流は、なんとしても一強政治に終止符を打たんとするものとして、文字通りの身を捨てる覚悟を伴った決断でした。しかしその後の進展は紆余曲折のなかにあることは皆さんご承知のとおりです。

時々刻々と状況が変化している中ですので、現時点で全てを断定するわけにはいきませんが、連合の組織内候補を含めた推薦候補者のなかには、希望の党の公認作業の狭間で厳しくつらい思いを重ねてきた方が少なくありません。極めて遺憾であります。

一方では、政策・理念の認識あわせも進まず、疑念や不安が拡がる中で一昨日には枝野さんが新党「立憲民主党」の立ち上げを宣言されました。

今回の解散自体が、野党側の体制が整っていない現状の弱みを狙ったものであるだけに、様々な思いが一挙に巨大な化学反応を生じているともいえるわけですが、そもそもの趣旨、すなわち一強政治に終止符を打つことは共通であるはずです。そのことに向かってそれぞれの動きが収斂《しゅうれん》していくとき、名実ともに闘いの姿が整います。そのことを強く訴えておきたいと思います。

（中略）

私たちは足もとにおいて、予測不可能な政治の動き、一日一日何がおきるのかわからない状況を目の当たりにしています。

一連の過程において、政治に向き合うことの難しさの中で、世の中には二つの声があったと思います。一つは「政治ってこんなもんだよ」、そしてもう一つは「政治ってこれでいいのか？」というものです。

「政治ってこんなもんだよ」という声に対しては、ともすれば容易に分断に陥る政治構造に対し、私たち連合は、広い大きな一本の道を真っすぐに進む運動体として、しっかりと足を踏ん張らなければなりません。

「政治ってこれでいいのか」という声については、まさに日本の民主主義の真贋《しんがん》、本物か偽物かが問われていると思います。ポピュリズムにすべて埋没しかねないこの国を立て直していくためには、私たち連合がもっと力をつけて、世の中への発信力を高めていかなければなりません。

今、足もとはカオスの中にあるといっても過言ではありません。

「連合が応援している候補なのだから政策・理念はしっかりしている」。そのことをこの混沌の中でしっかりと世の中に浮かび上がらせることが不可欠です。この間民進党が打ち出した「ALL for ALL」（オール・フォア・オール）の理念も、地道な取り組みの積み重ねと、そのもとでの政策実現がなければ実現はしません。一人ひとりの取り組みにおいて、前向きの危機感を奮い立たせて、明日につなげていこうではありませんか。

（後略）

しかし希望の党の失速は目も当てられないような状況となっていった。立憲民主党の日の出の勢いとは対照的であった。世の中の「排除」に対する反発が後押ししていた。民進党の決定を守って希望の党から立候補することとなった多くの候補者にとってはたまったものではない。

私は大会終了後の翌日10月6日、スウェーデンのナショナルセンターＬＯとの定期協議で出向いていた河口湖の会場から前原代表に連絡をとり、首班指名の姿勢が不明という批判を払拭する意味でも小池代表の出馬を実現すべきと主張した。前原代表も以前からその認識で彼女に打診し続けていたようだが、その可能性は限りなく小さいものにしぼんでしまっていた。

2　連合は何にこだわるのか

それでも連合はALL for ALLだ

前節では、あの当時の混沌のなかでいったい何があったのかということについて事実のあらましを述べてきた。あまり思い出したくもないことばかりだが、しかし世の中にはこのときの余震のような感覚や、怨念ともいうような雰囲気がいまだに残っている。

しかしそもそも連合は政局の主体としてのプレイヤーではない。本来やらなければならないことは働く者全てにとっての理想の実現であり、生活者の目線での政策実現である。

きれいごとだけでは済まないことは一連の経過を経て痛感したとはいえ、本業の姿こそ我々が訴えたいものである。連合は何にこだわるのか。

17ページ以降の政策協定書をもう一度見ていただきたい。民進党との間の幻の政策協定である。……「"All for All"の政策理念のもと、社会の分断をなくし暮らしの安心と将来への希望につながる政策を示し」……民進党が突然の事態で三党に分裂してしまった今でも、私たち連合はこの価値観を大事にしていくべきだと思っている。

ALL for ALLとは何か。文字通り「みんなでみんなを支える社会」である。今の日本の社会は、年金や保険制度など、様々な支援の社会化の仕組みが一定の範囲で存在するものの、子育てや教育については、自己責任もしくは家庭責任が強調され、個人がリスクに備えていかないと安心して生きていけないのが実情だ。漠然とした閉塞感や将来に向けた不安感は、1000兆円を超えてなお積み上がる国の借金という問題も大きいが、より本質的には、そもそもの国のあり方が定まっていないということに根差しているのではないだろうか?

隣の芝生は青いとよく言うが、私が2017年に訪れた三国、スウェーデン、ドイツ、英国で得た知見はいずれも青々としたものであった。

これらの国々においては、おおむね社会保障や教育のALL for ALLが確立している。

消費税率は25%前後だが、路頭に迷わないよう、雇用のセーフティーネットを強固にしている。雇用の流動性は高いが労働者のバーゲニングパワーも備わっており、活力がある。いわゆる不本意非正規といわれる人たちが四十歳を超えても依然として不本意な状況に置かれるという日本の状況とはかなりの相違がある。このあたりの事情にはあまり視点があてられていないが、非常に重要なことだと思う。

これらの国々はおしなべて労働組合が政治に与えている影響力が大きく、二大政党的運営が続いている。働く者の意向が直接的に活かされているからこそ、「負担もしっかりとするがリスク対応も万全、全員がメリットを享受する」という社会を構築し得ているのではなかろうか。

一方では米国のような徹底した自己責任社会もあるが、文明の狭間で日本はどっちつかずのように思える。

このALL for ALLの政策理念は慶應義塾大学の新進気鋭の経済学者・井手英策教授の考え方の基本にあるものであり、前原前代表が政策の柱に据《す》えていたものである。民進党ではその前の蓮舫元代表のときに設置された「尊厳ある生活保障総合調査会」のなかで、質の高い議論が重ねられていたのだ。

政治状況は一変してしまったが、この理念の重要さは不変である。実現まで粘り強く内外の理解活動を重ねていきたい。

2018春闘、徹底して底上げだ

連合・労働組合としての根源的な活動に、いわゆる春闘をはじめとする労働条件改善の取り組みがあることはご承知のとおりである。今年も2月半ばから先行組合が続々と要求提出に向かっている。

しかし昨今は「官製春闘」などという言葉が安易に使われており困ったものである。喜ぶのは官邸だけであり、この言葉を使っている人たちは知ってか知らずか政権ヨイショを繰り返しているのである。労使交渉の現場で実際に苦労している人たちは、はっきり言ってこういう言葉を使い続けるマスコミ人を馬鹿にしている。不幸なことである。これも一種の社会の分断であろうか。

賃金を上げるということは並大抵なことではない。世の中には、今どきの労働組合はストもやらず弱腰だから賃金も上がらないなどという議論もまかり通っているが、これもあまりに皮相的で正直言って話にならない。

連合傘下の組織においても、必要に迫られてストライキをやるところはもちろん今でもある。本部としてそれらの闘争を支えていく立場であることは当然だ。ストをうたないところも含めて伝家の宝刀の抜き方はしっかりと代々継承していかなければならない。一方でいわゆる牽引役のリーダー労組にとって、目下の当面している状況でのストライキは現実的手段であろうか？　多くの組合は戦後の昭和20年代・30年代において激烈なストライキ闘争を経験してきている。そこでの様々な経験・模索の上に今日の春闘がある。徹底した話し合いによって妥協点を見出す今のやり方には蓄積があり根拠がある。しっかりとした雇用環境の下で付加価値を向上させ、それに見合う形で配分を向上させるという労使関係のバネぢからは宝である。

もし広くストライキをうつとすれば、世の中全体の格差是正に向けて、全ての働く者・全ての生活者のためのゼネストにしていかなければ意味がないし、共感も得られないと思う（もっともそんなゼネスト誰がやるんだと言われるかもしれない。春闘の関係でいくらイヤミを言われてもどうということはないが、このような、社会の紐帯《ちゆうたい》の本質に関わる事柄において、実力行使の具体策は悩みのなかと言わざるを得ない）。

話を連合の春季生活闘争に戻す。総理の3％発言がマスコミを賑わせているが、賃上げ税制を含めて政権の主張しているような理屈だけでは日本全体の底上げは実現しない。むしろ格差が拡大するばかりであろう。

連合は2016年、2017年と「底上げ」を再三再四強調してきた。そしてまさに交渉における各組織の成果獲得により、2017年は、中小の賃上げ率が大手を上回り、非正規で働く方々の賃金アップ率が正規のそれを上回った。1955年に始まった春闘の歴史のなかでも、物価上昇がない中で初めてのトレンドを実現しているのである。

しかしこれはまだ連合集計での話である。日本は労働組合という傘を持たない労働者が8割以上であり、世の中全体への浸透度はまだまだだ。

この壁をぶちやぶるには、中小企業が主役という意識を世の中全体がもっと持つ必要がある。そしてただ単に「安ければいい」という消費者行動を改めていく必要がある。取引慣行の是正を含めて、これまでの悪しき常識にメスを入れていかなければならない。

高プロはいらない――マスコミ発の風評被害との闘い

2017年は様々なことでお騒がせの一年であったが、なかでも7月12日の朝日新聞朝刊には参った。一面の見出しは「残業代ゼロ修正案合意へ」、そして三面の関連記事にも「残業代ゼロ一転容認――連合、条件付け実をとる」の大見出しが躍った。

当時も言い続けていたことであるが、ここでいう「残業代ゼロ」、すなわち政府案の「高度プロフェッショナル制度」の導入には我々連合は終始反対である。当たり前である。毎年200件近くもの過労死・過労自殺が繰り返されるなどという国は日本だけだ。「Karoshi」が世界共通の単語になってしまっている。このような実態をなくすことこそまず実現すべきであり、それを助長する恐れのある高プロなど容認するはずがない。

この報道と他紙の追っかけにより、連合が高プロを容認したという誤解はあっという間に世の中に広がった。当時連合本部で本件に取り組んでいた関係者の意図は、私も含めて、一強政治における労働者保護ルールの弱体化をいかに阻止するかであり、二年前の労働者派遣法の改悪において国会審議に進んでしまったら強行採決という辛酸をなめてきた立場から、少しでも事前に悪影響の芽をつんでおきたいというものであった。特にもう一つの問題点である裁量労働制の拡大は、政府の当初案の表現が通ってしまうと、およそ300万人といわれる営業職全般の方々に網がかかってしまう内容であり、連合として強い危機感を持っていた。これらは働き方改革実行計画をもとにした長時間労働是正に関わる法案と抱き合わせになることが目に見えていただけに、今何とかしなければならないという状況にあったのである。

しかし連合批判の報道があっという間に広がったなかで、構成組織や地方連合会にいくらこのあたりの事情や考え方を説明しても素直に聞き入れられるような状況にはなかった。恐ろしいものでいくら正論を繰り返しても言い訳としか響かないのだ。

7月19日夜には100人ほどのデモ隊が連合本部のビルの前に集まるという事態まで生じた。実はこのときは前日の段階で、懇意にしていた労働弁護団の幹部の方から「デモ参加の呼びかけがネットで拡散されている」という情報をいただき、「そんなことをやるよりも私と公開討論会を実施したらどうか」という逆提案をし、彼らへの投げかけを引き受けてもらったのだが、結局この集会はいったい誰が呼び掛けているのかが最後までわからずじまいであった（その後もあるメディアの取材との関係で若干のアプローチを試みたが結局よくわからない。犯人捜しの意味では全くないので知っている人は是非教えてほしい。あらゆる方々と誤解は解いていきたい）。

朝日新聞の取材陣はこの一連の話を人事問題にもひっつけてきた。既に同紙は6月2日の朝刊一面の中段で私の退任予測を報じており、この憶測と関連付けて、今度はこの労基法の問題が人事の当初案に影響するという筋書きが流布されていったのである。事実とは全く異なる内容であり、マッチポンプだとか風評被害という言葉を想起せざるを得なかった。

誤解の原因の一つには、「修正したら賛成に回るのだろう」という見方があったと考えられる。しかし私たちは国会対応の当事者ではない。国会では野党の修正要求に与党が応じた場合は、野党も賛成に回るというのが常識なのだろうが、我々は政党でも何でもない。

そもそも政党の行動様式と労働運動の性《さが》は全く異なる。残念ながら今の一強政治の状況においては、重要法案における国会での合意形成機能が全くといっていいほど欠如している。一方で自分たちの力が及ぶチャンスがあるのであれば法案策定に至るまでの過程でセカンドベストを追求していくことは我々にとっては当然だ。

連合を中心とした労働組合が長年の歴史のなかで実現してきた民主的労働運動においては、ベストの姿がすぐに実現できなくても前進をあきらめるのではなく、まずはベターを実現し次につなげていく。ストライキで成果をあげられるのであればもちろんそれもいいのだが、しかし形だけ格好良く散ってアリバイ作りをするようなことは厳に慎む。格好は悪いかもしれないが、はいつくばってでも成果を得る。少しでも前に進むことに価値観を持っている。

このあたりの労働運動の文化が世の中には伝わっていない。その意味でも連合は、もっと社会的な発信力を高めていかなければならない。

意図はどこにあるのか？

この一件も含めて私は実に様々な報道の経験をさせてもらっているが、そんなことを繰り返すなかで記事の作成パターンには大きく分けて三つのタイプがあると感じている。

①真実を追求し整斉と深掘りするタイプ
②とにかく面白いストーリーづくりに徹するタイプ
③特定の意図を持ちそこへのサヤ寄せを指向するタイプ

もちろん複合しているパターンもあるわけだが、②と③の複合系などは困りものだ。

2017年12月22日付日経新聞の三面、「連合に分裂の足音」という大見出しもその複合パターンという印象を受けた。このときはご丁寧にも一面の上部に私の顔写真とこの見出しで記事の紹介をしている。たまたま翌日に私の出身元単組の労使ＯＢ会があり、心配と同情を随分といただいたものだ。これも風評被害だ（印象操作か？）。

ちなみに朝日新聞とは対照的に、日経新聞は高度プロフェッショナル制度導入推進派だ。「脱時間給制度」などという不可思議なネーミングとともに推奨している。この年の7月には連合が「容認を撤回した」として強い非難を浴びせた。制度そのものを容認していないのだから撤回という行為がそもそも成り立たないのだが、誤解が誤解を上塗りするのが当時の状況であった。まさかそのことがあるからこんな連合を弱らせるような見出しになったとまでは言わないが、意図を勘ぐらざるを得ない報道は困ったものだ。繰り返すが当時の連合の修正要求は政党の立場でのものではなく労働組合としてのものである。国会審議に対しては、制度そのものの削除を求めるであろう野党の連携を心より期待している。

前項の記事もこの記事も共通して、記事をつくったのは夜討ち朝駆けで何度も会話をしている面識のある記者だ。会話をしている限りはそれなりの手応えを感じる若手の有為な記者だ。しかしこれも共通しているのだが、これらの大がかりで意図を感じさせる記事をつくるときに限って私への直接の取材がないのだ。私としては記者の皆さんからのアプローチにはことごとく応えてきているつもりであるし、常に誠意をもって話をしているので、なんでこういう記事と見出しが一方的につくられるのか、正直言ってあきれてしまう。見出しは上層部がつくるので彼らの責任ではないのかもしれないが。

ましてこの「分裂の足音」の記事の前日は月一回の定例の記者会見であったから、そこに嘆きと怒りが大きく乗っかってくる。その日の会見では、政府の賃上げ税制の問題点指摘や生活保護水準の切り下げに対する批判等を力説したのだが、どこもとりあげてくれていない。それどころか、このような連合運動を棄損する意図かと見まごう大見出しの新聞報道である。

もしかしたら「生活保護切り下げ批判」の内容では、連合に対して皆さんが持っている（持たせている？）「正社員クラブ」のイメージと合わないからか？ ストーリーづくりに困るからか？

私がいつも手堅いコメントしか出さないと思われているからかもしれない。しかしおちゃらけで対応するわけにはいかない。面白いストーリーにうまくはめられないと、取材するだけ無駄という感じなのだろうか？

わざわざ遠くの自宅にまで足を運ぶのになぜ駿河台の連合本部まで取材に来られないのだろうか？ 一方ではメディアの世界でもようやくに働き方改革が真剣に語られている。連合でも「メディア労連」がスタートし、この分野での前進に力を入れている。協力は惜しまないので、合理的な場所と時間帯でいい記事を書いてもらいたい。文句のつけようのないような味のある見出しを上層部に求めつつ。

団結の意味、その理解を拡げなければ

いやな言い方を繰り返すようだがメディアの方々のなかには分裂がおきれば読者の耳目を集めるストーリーをたくさん書けると思っている方もおられるであろう。一部の見出しのつけ方は既にそういうモードに入っていることは既述した。愚痴を言うつもりはない。「分裂の足音」などと報道されて本当にバラバラになるようであれば所詮その程度の組織だ。しかし私はあり得ないと思っている。この組織に集まっている人たちが、連合が日頃何をやっているのかを知っている以上は、団結の重要性を放擲《ほうてき》することはあり得ない。

しかしなぜそうなのかということを、私たちは常に内外に説明し理解を拡げておく必要がある。こんなにマイナスイメージの見出しの報道ばかり繰り返されると、それらマイナスイメージを引きはがすだけでも大変なエネルギーロスなのであり、負けないだけの粘り強さで対抗しなければならない。

例えば「春季生活闘争」、いわゆる春闘は間違いなく団結の力に負うところ大の取り組みだ。もちろん交渉自体はそれぞれの労使の営みであり、連合そのものが直接賃金交渉をやって労働協約を締結するわけではない。

しかし、考え方を共有しスクラムを組んで交渉に臨むことは連合が旗を振らなければ実現しない。経営者のなかには勝手にめいめいでやりたい方もいらっしゃるだろうがそうはいかない。賃金の社会性を担保する意味でも、あるいは公正競争と整合させる観点からも、交渉のテーブルには等しくついていただくことが肝要だ。産業別の枠組みでの労使懇談や集団的交渉の姿は、労働側の団結がなければ進まない。かつて「春闘の終《しゅう》焉《えん》」などと言われたことがあったが、それも遠い昔の話となったように、オールジャパンの壮大なイベントとしての春闘は日本国の無形資産といっても過言ではない。そのもとで連合の団結は社会的責任とすらいえる。

そして今年の春季生活闘争においては従来にも増して大事なポイントとなっているテーマがある。働き方改革である。

同一労働同一賃金にしても長時間労働の是正にしても、肝腎なことはそれぞれの労使間で話し合い認識を合わせていかないことには前に進まない。本来であれば２０１７年の秋に審議されるべきであった関連法案はあの大義なき解散で先送りされている。仏作って魂入れずにしてはならないことはもちろんであるが、仏（法律）づくりが先に延びたからといって、魂（労使交渉）まで先に送るようなことがあってはならない。なぜならば、雇用労働者の8割以上が労働組合という傘に守られていないという実態があるのだ。働き方改革どころか三六協定（労働基準法36条に基づく時間外・休日労働に関する協定）がそもそもないとか、あっても本来は民主的な手続きで選ばれなければならない過半数代表者をいい加減に決めているところが残念ながらあとを絶たない。労働組合が率先してモデルを実現し世の中に見せていかねばならないのだ。

さらに話を拡げていきたい。

これら一連の働き方改革は２０１７年3月末に策定された働き方改革実現計画に依拠するものであるが、公務員は別扱いとなっている。対象となる法体系が異なることを反映しているのだが、しかし同一労働同一賃金や長時間労働是正の必要性は官民を問わず労働者に共通した問題である。

法制面での対応を含めた環境整備が必要なことは当然だが、さきほど述べた、魂を入れ込まないことには前に進まないという点は公務員の世界も同様である。

しかしここで大きな問題がある。公務員の人たちには先進国では常識の労働基本権が欠けているのだ。自律的に労働条件を交渉し、そこで決めた内容で労働協約を締結するという団体交渉権が制限されているのである。これは大変おかしなことであって、ＩＬＯ（国際労働機関）からも再三是正勧告を受けてきている。

連合はこの問題を指摘し続けてきている。自治労や国公連合をはじめとした公務員にとっての長年の懸案であることはもちろんだが、わが国が抱えている様々な矛盾を生み出した原因もかなりこの問題が関わっていると私は感じている。例えば、普通の会社ならばあり得ないような多額の債務の問題は労働側にとっても他人事ではありえない。

思い起こせば民主党政権時、東日本大震災という国難に際し、政府自らが自立的労使関係制度を先取りすることを表明した交渉において、復旧・復興の財源に充当するための国家公務員の給与削減について、関係組合が苦渋の判断と決断をもって対応した労使合意は、公務に従事する労働組合としての社会的責任を果たすとともに、労働基本権回復の意義を明らかにしたものとして世論からの前向きな評価がなされたことを忘れてはならない。

働き方全般に関わる問題点も、労使が自分たちの問題として解決していくという枠組みが認定されていないことのツケは重たい。つきつめるならば、自律的な責任体制がないのだ。この問題に正面から向き合わない使用者側（国・地方の行政）の怠慢は極めて遺憾と言わざるを得ない。

そして教職員の人たちには、これらの公務員共通の問題に加えて、学校現場特有の長時間労働の問題がある。まるで高度プロフェッショナル制度が先取りされていたかのような、「賃金一定のなかで成果が出るまで働き続けなさい」的な仕組みが教職員には適用されている。そのもとで部活の対応や資料作成の仕事等、付随的業務は年々増え続けてきた。かつては存在しなかったモンスターペアレンツなどとも対峙しなければならない。奨学金の制度が改善の兆しにあること自体はいいことだが、先生の仕事はこれでまた増えてしまうのが実情だ。

ようやくこの長時間労働の問題について、これじゃだめだという機運が世の中でも芽生えてきたが、まだまだこれからだ。過労死・過労自殺の危険と日々闘い続けているのが現状なのだ。

連合として取り組んでいる様々な事柄はことほど左様に全てがつながっている。長時間労働是正でいえば運輸関係、建設関係の深刻さは人手不足との闘いや取引慣行の是正等、産業政策そのものでもある。関係産別が個別に単独で解決を図るだけではなかなか前に進まないことであっても、連合全体が自分たち全体の問題として声を強めていくことで取り組みの力は増していく。

こういう活動のなかで日々を送っている者からすると、一部の報道がことさらにあおりたてる官と民がどうだ、旧総評系と旧同盟系がこうだなどという解説はナンセンス極まりない。しかしよく事情を知らない人たちや昔の歴史しか知らない方々からすると、そういう心配だけが先行するのだろう。連合のなかの組合員も大半の方々はそういう報道を信じてしまっておられるのだろう。まったくもって困ったもんだ。

喜ぶのは誰？

報道でつくられた潜在意識の怖さを実感した例として、関連する話をもう一つあげておきたい。先日ある大学の政治学のゼミに呼ばれて話をしに行ったのだが、驚くような質問を受けた。

「連合のなかの議論が割れているために野党がまとまらないことをどう考えているのか？」

なぬ？　そんな解釈があるのか？　内心相当にびっくりしたものである。こちらからしたら、まとまるべき野党がまとまらないから連合は苦労し続けていると思っているのに、断片的な報道での知識が積み重ねられると優秀な学生さん方のなかにもこういう解釈がまかり通ってしまうのだ。

しかしこれは嘆いているだけですむ話ではない。マスコミの力は巨大である。対立だ分裂だとあおられているうちにその気になってしまう方々も出てくるのだ。

そういう意味では政治の世界、わけても野党の皆さん方の心情はどうなのであろうか？　メディアがはやし立てる分裂モードに思わず乗っかってしまっていないであろうか？　憲法や安全保障など違いを際立たせようとする報道にあおられていないだろうか？

例えば安全保障法制の問題である。結局一強政治による強行採決でものごとが決められてしまったわけだが、あの当時民主党が示していたメッセージは「遠くは抑制的に、近くは現実的に、国際協力は積極的に」というものであり、極めてまともでわかりやすく、そして大きな広がりを持ちうる内容であったと思う。現在はいくつかの政党に分かれてしまったわけであるが、しかしもともとはこのメッセージの考え方に共通して根っこを持っていた方々であり、まして行きがかり上、××党から出ざるを得なかったというケースも多かったであろう。

マスコミは今回分裂することとなった野党の間に大きな政策の違いがあると書き立てるのだが、本当にそこまでの決定的な違いがあるのか？

私は様々な分野における政策的相違点は自民党のなかにも数々あると思っている。ところが一方は団結、一方はバラバラでは勝てるわけがない。これらの報道で野党がお互いの違いばかりに目を奪われ、その気になればなるほど、喜ぶのは政権与党だ。

ネットのニュースは分断がお好き

メディアは人々の意識の鏡である。くっついた別れたの話が大好きなのである。そしておとしめることが大好きなのである。

最近はニュースの取得源がネット主流になってきていることが拍車をかけているのかもしれない。報道特有のキリトリ文化と相まって、対立がより際立つようなことになりがちだ。

一つの例として私の経験を紹介したい。

２０１７年の11月23日に報道で「連合会長『居丈高だ』枝野氏に不快感」という見出しのニュースが流れたことがあった。知らない人がこれだけみると、枝野さんと神津は対立関係かと見えたことだろう。

もとネタは前日ＢＳフジのプライムニュースに出演した折の私のコメントである。

アンカーの反町《そりまち》さんから、当時の枝野発言に対する受けとめを求められた。具体的には、枝野代表があるところで、民進党所属の地方議員の立憲民主党への入党について「年内ぐらいには態度をはっきりしていただかないといけない」と述べたことに対してである。

私は放送のなかで、「立憲民主党にとってもこれはよくない。とりようによっては少し居丈高になっていませんかと見えてしまうので、これはちょっとよく考えられた方がいいと思いますね」と発言したのだ。それが別のメディアに取り上げられ見出しになったら、あんなギスギスした感じになってしまう。

このケースなどはさほど大きな話でもなく、目くじらを立てるようなことではないのかもしれない。実際このときはこれ以上波紋が広がるようなことはなかった。しかし、ちょっとした流れのなかで、軽い気持ちで発した言葉が誤解を生むことはよくある話だ。

とくに特定の意図をもった報道にキリトリ内容がはまると、あれよあれよという間に人間関係までおかしくなる。

そういう意味ではネットのニュースは危ない。見出しだけでわかったような気持ちになると、ものごとを見誤る。

自民党じゃなぜダメなの？

いくつか政策に関わる話を中心にメディア論をまじえてお話をしてきた。この節の最後に、よくある質問を取り上げて私なりの考えを述べておきたい。

「これだけ一強多弱の政治が続いて、野党もバラバラでまとまる兆しも見えません。自民党支持に切り替えたほうが連合の政策実現は進むのではありませんか？」

という質問である。私たち連合も、最初から何があっても無条件で野党を支持すると決めているわけではない。一方で政府・与党に対する要請行動は連合結成以来この30年近く精力的に行ってきており、長時間労働是正、同一労働・同一賃金や教育無償化等はそもそも我々が長年主張してきたテーマである。

自民党が政権から下野してしばらくの間は、連合と自民党との関係は冷え込んでいた。２００９年の政権交代に至るまでの、小沢一郎氏との全国行脚をはじめとした連合執行部の動きが怨念の対象となっていた。実はこの2年余りの間に糸口をつかみながら、やっと旧に復することとなったのだ。

そんななかで私自身は二階幹事長とのざっくばらんな懇談の経験もあり、安倍総理ともいわゆる政労会見を年二回以上持つこととなっている。一部には政権与党と急接近みたいな取り上げ方もされたが、別にそんな問題じゃない。もとに戻っただけだ。そもそも先進諸国においては、政労使三者構成の考え方は社会の基盤としてビルトインされており、国家元首と労働界のトップが意見交換するのも普通のことだ。

しかし手っ取り早く政党支持も自民党にすればいいかというと、それとこれとは話の性格が全く違うと言わざるを得ない。

誤解を恐れずに言えば、最近の安倍総理の融和的な労働政策や分配重視の傾向、それ自体については、私はうわべだけのものとは思っていない。総理自身もおっしゃっていることだが、ご自身がいわゆる社労族（今風に言えば厚生労働族）としての認識を強く持っておられて、ここ最近の、連合と方向性のさほど違わない施策遂行はご本人自身の信念に基づくものであると感じている（ただし一方では高度プロフェッショナル制度のように妙に新自由主義的な施策が混じっている。これは一連の、特定の友人を大事にしすぎる弊害と軌を一にしているように思える)。

かつての歴史をたどると、安倍総理のこのような心情は母方の祖父の岸信介元総理のそれとつながっていることがわかる。安保の問題ばかりが目立っているが、最低賃金制や皆年金・皆医療保険制度などの制度改革も岸元総理の実績の一面をあらわしたものであり、その点も含めた心情のつながりなのである。

さらにいうと、私もつい数年前に知ったことだが、岸元総理の一高・東京帝大時代の親友であった三輪寿壮《じゆそう》は1955年の社会党の左右合同に尽力した人であり、その点も安倍総理の意識のなかにあるそうだ。まさにこのあと時代を画することとなった55年体制のスタートであったが、残念なことに三輪寿壮はこの翌年肺がんでこの世を去ってしまう。この二人が筋道は異なれど切磋琢磨して国民のための政治を競い合うという二大政党的運営を目指したことは、もっと知られていい事実であると思う。

三輪寿壮がもう少し長生きだったら歴史が変わったかどうかはわからない。しかし、わが国には本当の意味での二大政党的運営がなかなか実現しない。試行錯誤の連続だ。

もちろん世界には政権との距離が極めて近い労働組合も数多く存在する。途上国の労働運動ではそれでないと生きていけないケースも正直言ってある。共産主義国家では労働組合が体制として組み込まれている。

しかし今日本でそんなことになれば、民主主義の衰退は決定的なものとなろう。ただでさえお任せ民主主義などと言われるわが国において、へたをすると、やっぱり戦前の全体主義の方が国民性に合っているんだよね、などということになりかねない。

わが国の民主主義は果たして本物になっているのだろうか？　そのことが今、試されているのではないか？

お上頼みの「与えられた感」で満足するようでは日本はダメになる。

3　連合フォーラム結成

政策実現に向けて

２０１８年2月16日、永田町の憲政記念館で「連合政策制度実現フォーラム」（略称連合フォーラム）がスタートする。連合の歴史のなかで新しい第一歩である。

きっかけとなったのは２０１７年の総選挙での野党分裂である。連合がそれまでは民進党との間でまとめて一本で政策協定を締結していたものが、推薦候補者個々と締結する形に切り替えざるを得なかったことに端を発したものとも言えよう。既にその経緯を含めて詳しく記載したように、連合の政治対応の目的はあくまでも自らの政策実現である。あくまでも働く者本位の政策を実現するために個々の候補者を応援してきているのである。これまでであれば国会で私たちの思いを代弁してもらう野党としては、圧倒的に民進党の存在が大きく、連携も党まるごとの関係でほとんどすんでいたわけであるが、今度はそういうわけにはいかない。推薦候補者を中心として、結果として約150名の国会議員の方々に参加をいただくこととなった。

政党が複数にまたがることから、連合が野党再編に乗り出したなどとも取りざたされているが、もちろんそんなつもりはない。それこそ本書で繰り返し強調しているように「矩《のり》」は越えない。

あくまでも政策本位である。したがって基本は17ページにお示ししたような政策・理念を共有すること、その理解をさらに深めることが最大の目的である。

もちろん連合自身が政策をブラッシュアップしていくことが不可欠であり、2019年11月に三十周年を迎えることも意識して検討を重ねている。その説明もこのフォーラムの場で積極的に行っていくこととなろう。

私は、連合の政策はあまり幅を狭めるようなものになってはならないと思っている。左右の全体主義とは一線を画すことは当然だが、多くの人たちが乗れる広めの道を真っすぐに行くことが重要だ。

そしてわかりやすさが重要だ。組織の中では、詳細な裏付けも含めて電話帳のような政策集を今後とも維持・管理するにしても、議員の皆さんとの間を含めて世に打ち出す内容については、項目や表現を絞り込み、アピール性を高めていくことも必要だ。

政策本位・政策第一の連合を知ってもらう大事な機会としていかなければならない。

憲法・安保への踏み込みは？

一瞬の期待を抱かせた二党の合流劇が破綻した陰で、連合と希望の党との政策協定が幻に終わったことは第1節で述べたとおりである。

当時焦点が当たったのはこの政策協定とは全く次元の異なる「踏み絵」であり、とりわけ憲法と安全保障に関わる問題であった。

もともと連合の政策集は働く者にとって一丁目一番地の雇用労働政策からはじまり、生活者として切実な関わりを持つ税制・社会保障、働くことを軸とする安心社会実現に不可欠な教育の問題等々、日常の身の回りの問題が中心の構成だ。憲法問題や安全保障に関わる政策は、これまで一定の議論をしてきた経緯はあるが、細部を含めて完成した形のものは有していない。

実は憲法議論に関しては、自民党安倍総裁の発言やそれに対しての民進党の動向を踏まえ、連合として三役会での勉強会を始めたところであった。当時はそもそも民進党が着実な検討・議論を重ねていると認識していたし、その状況を見据えつつ連合としての立ち位置も明確にしていければいいと考えていた。

しかし今後の政治状況を踏まえると、連合として、ただ流れに任せておけばいいということで済まされるとは思えない。

私個人としては、今すぐ差し迫ったニーズによって改正が不可欠な憲法の条文があるとは思えない。また安全保障法制に関しては既述のように当時の民進党のスタンスこそがあるべき政策の考え方の基本だと思っている。

しかしそこまでの範囲で済ませられるどうか、またそのことだけで今の政治状況は乗り越えられるものなのかも含めて、連合としてのコンセンサスを持っていく必要があると感じている。やはりここでも多くの人が乗ることのできる広めの道が必要だ。

原発・エネルギー政策は？

連合が受けてきた誤解のパターンで、よくある話の一つに、エネルギー政策、特に原子力エネルギーの問題がある。17ページに紹介した政策協定書からその部分の政策の考え方を抜き出して以下に再掲する。

「原子力エネルギーに代わるエネルギー源の確保、再生可能エネルギーの積極推進および省エネの推進を前提として、中長期的に原子力エネルギーに対する依存度を低減していき、最終的には原子力エネルギーに依存しない社会をめざしていく」

よくある誤解は「連合は電力総連はじめ関連する産業の労働組合を抱えているから原発推進派である」というものだ。あるいは「連合のなかには原発反対派も相当いるので議論は対立している」というものだ。

連合は福島の事故があって以降、半年間議論に議論を重ねた結果としてこの政策内容を、組織全体で共有するものとして確定した。いかに原子力エネルギーに依存しない社会を目指していくか、簡単なことではないがそこに舵《かじ》を切るべしとしたのである。

私はあの福島の事故は、地震や津波の蓋然《がいぜん》性の低さや、最も旧式の原発が襲われたこと、バックアップ電源の不備等、考えられないほどの低い確率が折り重なって起きてしまったという意味で、神がこの日本国に与えた試練であるとさえ感じるのであるが、しかしその試練を乗り越えることができるコンセンサスを我々日本人はいまだに確立できていないと思っている。

震災前を振り返ると、そもそもリスク自体の可能性が俎上《そじょう》にあげられていたにもかかわらず、そんな大津波は来ないであろうと片付けられていた。そのこと自体が、いわゆる原発推進派と原発反対派の不毛な対立だけが先行していたことの結果ではないか。しかしいまだにその図式が続いている。極論だけが幅をきかせていて、本質を見据えた良識ある議論が見えない。

政府の考え方はどうしてもこれまでの政策をズルズルと引き延ばしているようにしか見えない。野党の対案も場当たり的でイメージ先行の感がぬぐえない。国民にとって信頼できる明確な政策が示されないままなのだ。世論調査でも「よくわからない」が常に大きな比率を占めていることが象徴的だ。

あらゆる政策において言えることではあるが、野党はハンディを負っている。官僚が握っている詳細な知見やデータはどうしても政権与党中心にしか開示されない。しかしそういったなかでも本質をついていくことは可能であり、原発・エネルギー政策においても、政権を追及し対峙しうる要素は多々あると思う。休止中の原発も同等のリスクを有することを踏まえた避難計画の策定や、廃炉技術者の確保・育成、最終処分場の確保等々。そしてあれだけの災害を起こしてしまったことについては、あらゆる要素について世界にきちっとした説明をしていく責任が日本にはある。一方世界にはとなりの中国をはじめ原発推進を強化している国々が多くある。これならば自分たちも原子力依存を脱却しようと思わせるくらいの、国際社会に通用する政策でないと説得力を持たないのであり、裏付けをもった工程表も不可欠である。

周知のように原発の問題は、安易にそして本質をはずれたところでむやみに争点がつくられやすいテーマだ。これじゃなきゃダメ、これに乗ってこなきゃダメ的に各党がバラバラに政策立案を進めると、またハレーションばかりが目立ち、マスコミ報道の好餌《こうじ》となるだけだ。

統一地方選や参院選を視野に置いた選挙協力はいずれ本格的な段階を迎えるであろうが、それ以前に政策面でガタガタするようでは話にならない。

連合は2017年12月の総選挙の総括において、野党へのスタンスに関して、「三党が、地方組織を含めて今後どのような党運営・国会対応を図っていくかは、慎重に見極めていく必要がある」としているのだが、このような中途半端な段階は早く脱していきたいものだと思っている。

いつまでも政権与党に漁夫の利を与え続けるわけにはいかないではないか。

共産党はダメなの？

「連合は偉そうなことを言っても、共産党との共闘に反対で、そもそも与党に漁夫の利を与えているではないか」という批判がある。しかし私は、政治の世界で様々な協力があることまでは否定していない。そもそも共産党だって与党に漁夫の利を与える判断は得策とは思っていないはずだ。

しかしいまだに様々な攻撃を私たちの仲間に与える勢力の関係者と、同じ選挙事務所で連携するようなことは連合にはできない。

それでもこういうことを言う人がいる。共産党はかつての姿から変わったことを受け入れるべきだと。

共産党は変わったのであろうか？

そう見せようとしていることは間違いなさそうだ。特に２０１７年の総選挙が終わってからの志位委員長の発言は一段とそのことを際立たせているようにみえる。

しかし本当にそうであるならば、党名や綱領は変えるべきであろう。一時期、有力な政治評論家の間で共産党は近い将来に党名と綱領を変える見通しであるという説が流れたことがあった。

ちょうどそんな時期、２０１６年の参議院選挙を前にして、ある野党番の記者が不破哲三さんと会ってみませんかという話を持ち込んできたことがある。共産党の不破元議長は、実はその昔鉄鋼労連の書記局に党から送り込まれて在籍していたことがあった。

私が労働運動に携わるよりもはるか以前のことではあるが、私が敬愛してやまなかった千葉利雄先輩（故人）が、当時は同じ立場で机を並べていたことを聞いていた。千葉さんはその後路線を転換し、イデオロギーにかなり影響を受けていた鉄鋼労働運動を正常化してきた先輩方の一人であり、労働界きっての理論家であった。私が鉄鋼労連の本部員として在籍していたころ、現役としての最後のキャリアの副委員長を務めておられ、その後もお亡くなりになるまでの間、直接のご指導をいただいた。連合の政策委員長も歴任された方である。

そのエピソードも補足したうえで、私がその記者に、不破さんに会うことはやぶさかでない旨を告げた。しかし案の定、先方の意向は整わず会談は実現しなかった。記者が千葉さんとの件を枕詞に使ったかどうかは定かではないが、いずれにしても、党名・綱領変更説はやはりあり得ないということを再確認したと私は思っている。二段階革命の前半としての民主連合政府の考え方に隠れがちだが、天皇制廃止やアメリカ帝国主義批判、そして民主集中制という名の共産党独裁是認の考え方は何も変わっていない。

私は変わってほしいと思っているが、変わってほしいという願望をもって変わったという認識にすり替えることはできない。

自公はダメなの？

２０１８年の連合の新年交歓会には政党代表だけでなく、日弁連・中本和洋会長、日本生協連・本田英一会長にも鏡開きにご登壇いただいた。いずれも大組織の代表者であり、連合が共生社会のより広範なつながりを心掛けるなかで大事なおつき合いをさせていただいている。

これらの組織もそれぞれの政策実現との関係で国会議員の方々との連携を大事にしておられるが、皆、与野党のへだたりなく超党派で関わっており、選挙の時もそれなりの応援をされているようだ。

私は連合でも例えば、「底上げ」に不可欠な中小企業政策の強化や本質的な改善を図るためには、自民党・公明党とも政策を共有した輪が必要ではないかと真剣に考えた時期がある。与党議員のなかにこの分野で造詣の深い方々はもちろん多い。懐の深さや人間味を感じつつおつき合いをさせていただいている方々もいる。二大政党的運営が定着したら実行に移したいなどと内心で思っていたのだ。
しかし今はその思いを封印せざるを得ない。小選挙区制のジレンマでもある。本来目指していた二大政党的運営が定着していかないと、この小選挙区制度はなかなかしんどい制度だ。

一歩踏み込んで政治家個人を見極めよう

2017年の総選挙では候補者個人個人と政策協定を結ぶこととなり、私は、「連合が推薦している候補は太鼓判を押している」と大見得を切ったものだ。しかし究極のところの「人物本位」、その真贋見極めはもっと徹底しなければならないとつくづく感じている。

一般的に我々日本人はあまりにも政党の人気や知名度だけで投票行動を決めつけすぎていないだろうか？ せめてもう一歩だけでも踏み込んで、自分の選挙区の候補の資質や政策を見極める姿勢が必要ではないだろうか？ それがない限り、この小選挙区制は永久に機能しないようにさえ私には思えるのだ。

バラバラ感ばかりが強調される野党だが、私の知る限り、信念を持ってブレずに進む人、人と人の信頼関係を徹底的に大事にする立派な政治家も少なからず存在する。

一人だけ名前を挙げておこう。奈良県の馬淵澄夫さんだ。元建設大臣で代表選立候補歴もある方だが、私たち連合の役員にとっては選挙対策をしばしば担当されその時の対応ぶりで圧倒的な信頼感を寄せてきた政治家である。今回は希望の党の失速・逆風や区割り変更の余波もあって議席を失われてしまった。

しかし一切の泣き言は彼の口から出ない。全ては自分の責任と言い切り、恨みつらみは一切語られないのだ。だからこそ私にとっては断腸の思いだ。必ず帰ってきてもらいたい。いや、我々を含めた支援者の力で必ず国会に戻ってもらわなければならないと思っている。

野党の政治家に期待すること

政策力の高い政治家も野党には多い。バラバラ感・ガタガタ感こそ最大の問題なのだ。

今回不幸にして衆議院においては、元民進党の方々は立憲民主党と希望の党、そして無所属と三つに分かれてしまったわけである。それぞれの方々にはそれぞれの事情があった。しかし一連の混乱を引き起こした例の「踏み絵」の印象、特に意図的に流出された当初案の踏み絵の内容のインパクトはあまりにも大きく、その内容を前提とした党のカラーが世の中には伝わっている。しかし私がみるところでは、実際におられる方々の政治理念はそのような形で真っ二つに分かれているとは思えない。早い話が東京と大阪については、まるごと小池サイドに切られてしまったのであり、一方で民進党の決定に従ったうえですんなりと希望の党に公認された方々の憲法観や安全保障のスタンスが偏っているなどとも思えない。実際には混在しているのである。

もちろん両党に票を投じた多くの有権者は、マスメディアによって強調された両党のカラーの違いを意識していたことは事実であろう。しかし同時に、「もうここまですっきり別れたのだから、バラバラ感・ガタガタ感は区切りをつけてほしい」とも思ったのではないか？　それでなければあわせて2100万票という、自民党の1850万票を大きく上回る票にはならなかったと思う。

そんななか依然として多くの野党議員、とくに三党の議員の方々には立ち位置を模索する状況が続く。なにせあのような大激震のなかをくぐってきた後で、まだ余震の続いているような状況でもある。そして残念ながら有権者の「風」に対する弱さも意識せざるを得ない。

ただ、バラバラ感・ガタガタ感だけはもうやめにしてもらいたい。選挙が終わって野党の支持率は概して低下傾向にある。国会休会中は目立たないということもあったであろうが、やはり、国民にとってみると、バラバラ感・ガタガタ感が払拭されたという感じにはまだみえていないのだと思う。まして、お互いの政策・理念の違いをあげつらうような場面が続けば続くほど有権者、とりわけ「穏健な保守層だが一強政治は終わりにすべき」という層からは愛想をつかされるのだ。

より大きなかたまりを指向し、本気で政権を取りに行く、その気概が問われている。

4　神津式 労働問題のレッスン

一人で悩まずにご相談ください

連合は今、「暮らしの底上げ応援団」と称したキャンペーンを全国で展開している。世の中全体でみれば労働組合という傘に守られていない人たちは雇用労働者の8割強にもなる。連合の存在意義は、いかにその人たちの権利を守り、生きがい・働きがいを高めていけるかにあると言って過言ではない。

電話労働相談を常設している。フリーダイヤル・イコウヨレンゴウニ……0120－154－052である。昔から多い不当解雇・賃金未払い・サービス残業などに加えて、パワハラ・セクハラ・マタハラが多いのも最近の特徴だ。辞めたくても辞めさせてくれないブラックバイトなども世相を反映したものだろう。

ブラック企業・ブラック経営者に対峙していくためには労働組合の存在は不可欠である。しかし、そういうところであればあるほど、個々人が労働組合をつくるには余程の勇気と胆力がいる。目をつけられてクビになったら元も子もないとシュリンクしてしまう。労働組合結成を理由にクビにするなどということは不当労働行為として禁止されているのだが、そうは言ってもなかなか難しい。第一やり方がわからない。

全国47の地方連合会では、そんな方々に手を差し伸べて労働組合結成のお手伝いをすることはもちろん、職場で仲間を募ることが難しい場合も個人で加盟することができる地域ユニオンを持っている。

0120－154－052に連絡いただければ自動的に最寄りの地域の地方連合会につながる仕組みにしている。どうか一人で悩まずにご一報いただきたい。もちろん家族や友人の勤め先がどうもおかしいというケースも相談いただければ、本人とつながり、対応することもできる。

この電話労働相談、年間で約15000件が舞い込むが、これとて氷山の一角であろう。2017年はいろんなことがあって「連合」の知名度は随分と上がることとなったが、こういう相談活動をやっていることをどこまで知ってもらえているのだろうか？

電話労働相談も労働組合づくりのお手伝いも、地方連合会ではまさに手作りの苦労の毎日だ。弁護士の先生の加勢をもらうこともあるが、ほとんどの場合、経験豊かなOB・OGがアドバイザーとして力を発揮してくれている。根気のいる仕事であり、また温かさや人間味が必要とされる役回りだ。頭が下がる。

日本の労働組合の成り立ちは企業別組織が基本軸となっている。組合費も大雑把に言えば一人平均月額5000円程度が企業別の労働組合に納められ、そのうちの500円程度が産業別組織に納められる。連合本部には約100円、地方連合会でも別途いくらかのお金を集めてはいるが、パート労働の組合員増等の構造的要因もあり、正直言ってなかなかきつい財政事情だ。

電話労働相談という駆け込み寺的機能は連合の存在意義を示す大事な「顔」の一つである。それを支えていただいている先輩諸氏には大変な活躍をいただいている。

全国の企業別労働組合の役員の皆さんにはそのあたりのことを是非知ってもらいた

い。そしてこれらの取り組みを支える地方連合会・地域協議会の活動を見聞きし、役員を激励してもらいたい。全国の約260の地域協議会は2012年に整備が図られてからまだ日が浅い。日々が模索の連続なのである。

組合役員の皆さんへ

私は思う。労働組合の役員の務めは、一言で言えば、「見て見ぬふりをしない」ということなのである。「義を見てせざるは勇無きなり」という言葉もあてはまる。

職場には様々な問題が転がっている。私自身製造業の企業別組合の出身であるが、災害の芽をつむという活動はその最たるものであると思っている。現場にこそその役割と力がある。少しでも危ないと思うことに対しては必ず声をあげるということだ。職場からその声を引き出すということだ。風通しの良い職場が不可欠なのだ。

そして製造業のみならず全ての職場にとって今切実なことは、メンタルヘルスの問題だ。労組の役員自身が問題を解決してあげることは難しいかもしれない。しかし大事なことは橋渡しだ。人間だれでも悩みの出口を見失うことがある。専門家につないであげることで閉塞感からの脱出の可能性が生まれる。もちろんその役員自身も一人で悩まず執行部で力を合わせることが大事だ。

今日的な課題ということで言えば、セクハラ・パワハラ・マタハラも極めて重大な問題だ。問題を閉ざさない、抱え込ませない、分断に陥らせない……大変だが、労組役員の力の発揮しどころである。

様々な問題で大事なことは、常識を疑えということだ。まず、ルールはルールとすることだ。そしてルールと異なる運用が繰り返されているのであれば、そのルール自体も疑うことだ。パンドラの箱を開けることから逃げたままでは問題はもぐったままだ。ウソを隠すためには別のウソが必要になってくる。

また前例踏襲《とうしゅう》に陥らない、ということだ。悪しき常識をはびこらせてしまう原因のひとつがこの前例踏襲だ。特に執行部の一員となって方針やらなんやらをつくる立場になると、つい前の年や二年前はどうだったのかというところから入ってしまう。今は画面上でつくることができるからつい前のものの転用で済ませてしまい、年号まで古いままで出してしまったりする。

忙しくて大変だろうが、まずこの取り組みの目的は何なのか？から入ることが大事だ。うーん、よく考えてもわからない、みたいなときもあるかもわからない。しかし本当に目的がよくわからないのであれば、そんなものやめてしまえばいいのだ。そこで議論をまきおこしたらいい。その上で目からうろこがもし落ちたら、自分の心に従ってあたらしくつくったらいい。少しつくってみて、そのうえで前例も見てみたらいい。そうするとあらためて先人の所産の有難みもわかってくるというものだ。

組合員の皆さんへ

職場に近ければ近いほど、役員の人たちは非専従、つまり仕事を抱えながら役員の務めも果たさなければならない。私も駆け出しのときはそうであった。労組専従を持つにはだいたい組合員が５００人いないと財政的にも厳しいといわれる。またわが日本国は労組専従の持ち方が諸外国と比べてかなりストイックに運用されており、結果として労組役員は専従も非専従もあまり多くの数を持つことができず負担が多いのが実情だ。身近なところに労組の役員がいたら是非励ましてあげてほしい。

そして皆さん方一般の組合員の存在は単に励まし役ということではもちろんない。労働組合が強いか弱いかは皆さん方の意識の持ち方次第なのである。

労働組合は集会をたびたび行う。またかよ、という感じで動員されるときや、いやいやのおつき合いということもしばしばだろう。でもいやいやであってもどうかお願いします。これら集会を整然と行うことができるということ自体が労働組合の力なのだから。何かあれば人々を集めることができるというパワーは労働組合の基盤をなすものである。実際に集まっている当事者の方はあまり気が付いていないかもしれないが、経営側は、あるいは政府も、実は奥底でけむたく感じていることも事実なのである。

そしてそういうことを通じて皆さん方は労使関係の一方の担い手となっているのである。「労使対等」という言葉がある。一人ひとりでは弱い労働者も、労働組合を組織することによりパワーを実現し、労使対等の立場で関係を持つことができる。

これは憲法で保障されている権利であるが、しかし労働組合がないと持つことができないし、常に磨いておかないと機能しない権利である。

「労使関係」は、話し合いで自立的に問題を解決するという機能を持っている。しかしその大事さ、有用さは日頃から磨いていかないと保つことができない。具体的には何か。神津式の言い方ではこういうことだ。

①言いたいこと・言うべきことを相手に必ずぶつけること
②使用者側のメッセージを引き出すこと
③双方の主張を職場の一人ひとりに伝えること

労組役員は皆、こういう労使関係の歯車を回す大変な務めも担っている。

しかし大変なことばかりでは嫌だ。忙しいなかにあって、くたびれ損の骨折りもうけではたまらない（今あまり使わないのかなこんな言葉）。第一そんなことではなり手がいなくなってしまう。

いいこともいっぱいありますよ。

会社や公務などの普通の仕事だけでは知り得なかった世界が広がる。

仕事だけだったら生まれなかったつき合いができる。友人の輪も広がる。人脈やネットワークも貴重だ。あとあとにも役に立つ。

そういうの嫌なんだ、対人関係は苦手だという若い人も多いだろう。しかし、だからこそこの世界に飛び込んできてほしいのだと旧世代のオヤジ（私）は思う。

いいことのその二。普通の仕事だけでは得られない知識と思考を手に入れることができる。ワークルールだ税制だ社会保障制度だ、そして日本経済だ世界経済だ……。企業経営に必要な事柄も否が応でも学ばざるを得ない。

勉強はイヤッという人が多いのも当たり前だ。でも必要に迫られないとその気にならないのが人間だ。学生の時の勉強よりもずっと身につくことは間違いない。

一度しかない人生、いろいろ経験してみてほしい。声をかけられたら前向きにご検討ください。

組織内議員の貴重さ

連合の立場はあくまでも応援団であるが、そのなかでもプレイヤーの資質を持っている人には政治の世界に飛び込んでもらっている。「組織内議員」などと聞くと一般の方々はおどろおどろしく感じるかもしれないが、なんのことはない、サラリーマン・サラリーウーマンの代表なのである。白羽の矢があたってしまい、本来であれば安定した身分で平穏無事な生活を送れたであろう人生の設計図を変更して議員生活を送ってくれているのである。本当はもっとサラリーマン・サラリーウーマンの代表が国会にいていいと思うのだが、現在の選挙制度では限定的だ。

一方で世の中には、連合を既得権益の擁護者とみなしている方々も多い。縷々《るる》述べてきたように、実際には連合は全ての働く者のための存在として、むしろ組合員でない人たちのためにエネルギーを注いでいるのであり、これら組織内議員にも、ワークルールの改善や社会保障・教育の問題に正面から向き合ってもらっている。

一方、いわゆる普通の政治家の皆さんのなかには、連合とその組織内議員を既得権益の代表者としか見てくれていない人も残念ながらおられる。野党の推薦議員のなかにも、選挙が終わったらとたんにそういう言い方をする人もいれば、陰で番記者たちに批判を繰り返したり、連合のせいでこうなったああなったと勝手にありもしないことを吹聴する人もおられる。そんな話を聞くたびに私は選挙のときに一生懸命ポスター貼りや電話作戦等のお手伝いをしてくれた組合員やＯＢの皆さんに申し訳ない気持ちでいっぱいだ。

最も身近なところで、働く者の立場を理解してくれている組織内議員は極めて貴重な存在だ。ステレオタイプな批判をはね返していきたい。

自分たち自身の問題として

連合の組合員とはどういう存在なのであろうか？　私は普通の国民、普通の市民の集団だと思っている。

普通の国民・普通の市民とは何か？　良識ある普通の日本人である。

戦後の荒廃から立ち直り、世界のなかでも有数の経済力を持つ国として発展させ、そして東日本大震災をはじめとするあまたの自然災害からも立ち直り、世界が賞賛した支えあい・助け合いを可能とする人たちだ。

しかし、こんな素晴らしい日本人なのに、なぜこの政治でありなぜこのマスコミなのだろうとも思うのだ。

もちろんわが国にも素晴らしい政治家、尊敬すべきジャーナリストは数多く存在する。いろいろとあげつらった朝日にも日経にも立派な方々が大勢おられるし、他紙他局の方々も含めて数多くの接点を持たせていただいている。あるいは、「神津さん、何もここまで目くじら立てずとも泰然自若としていればいいのではないですか」とか、「あまり波風立てない方が御身のためではありませんか」などという私に対するアドバイスも出てこよう。

しかし私は安っぽい批判だけでこういう問題を済ませるつもりでいろいろと言っているのではない。

早い話、政治もマスコミも私たちの意識の鏡である。そういう意味での警鐘を鳴らしたいのだ。一定のルールに基づいて選挙があり国民の選択の結果として今の政治がある。国民が決めた政治だ。マスコミが流す情報も、それを喜んで受け取る国民がその論調を左右しているのである。政治とマスコミは私たちの鏡なのである。批判はつまり自分たちへ向けたものなのである。

労働組合は何のためにあるのか? 一人の労働者単独の力では経営者・使用者に立ち向かえない、その自覚から労働組合は生まれた。しかし労働組合の意味はそれだけではない。長年の苦労と試行錯誤があって、そして先人たちの血のにじむような努力があってこそ今日がある。その蓄積のなかでたたき上げてきた文化がある。それは、刹那《せつな》的な思考や行動ではなく、あくまでも将来を見据えたものの考え方に最大の価値を置く運動理念である。

「連合」の意味はそこにある。だからこそ日本の社会の現状を憂慮するのだ。

私には、若者が3割の投票率の国に未来があるとは到底思えない。しかもその若い年代の人たちの支持の多くは現政権与党に向かっている。

連合は野党支持だからこの状況を憂えているなどというケチな根性でこの問題をとらえるつもりは毛頭ない。憂慮の対象は、変化をきらう若者のマインドだ。今のままでいい、変化があると今より悪くなりかねないから今のままでいい。会社に文句があってもじっと耐えておく。海外は危ないから行きたくない……。統計でもそういう傾向がはっきりとあらわれている。一種の思考停止といっても過言ではなかろう。

繰り返し言いたい。3割の投票率の国に未来があるとは到底思えない。7割が投票に行かないのであるから、投票に行く人間は圧倒的に少数派だ。「えっ、お前投票行ってきたの？」と言われて変わり者扱いされるほどの少数派だ。根は深いのでありちょっとやそっとじゃこの傾向は変わらないであろう。

しかし若者たちに対してそれを非難し態度を改めよと言うだけで問題が解決するわけではない。責任があるのはむしろ中高年齢層だ。私も含めた上の世代がこういう状況をつくってきてしまったのだ。

主権者教育という言葉がにわかに脚光を浴びたのは2016年の参院選前段、世界中の国々に大きく後れをとってやっと日本でも選挙権が18歳以上となったことがきっかけであった。しかしそのあと向上したと思われた18歳の投票率（51・17％）は2017年の総選挙の19歳投票率（32・34％）をみれば結局元の木阿弥状態となってしまっている。長年怠ってきた主権者教育を本当の意味で根づかせようとするならば、付け焼刃ではだめなのだ。本格的な主権者教育の導入とともに、家庭でも、職場でも、普通に政治に向き合う風土・文化の構築にまで踏み込まなければ問題は永遠に解決されない。

いずれにしても時間はかかるであろう。戦後70年近くさぼってきたことを今からねじり鉢巻きで頑張ったとしても時間はかかる。その間にも、政治の世界でのパッチあて的な政策対応は繰り返される。本質的な対応は先送りされる。ALL for ALLの流れはいつになったら始まるだろうか。今ならまだ間に合うのだが……。

合意形成を軽んじる一強政治がズルズルと進む間に、大事なことがおろそかになっている。マスコミが提示する細かなスタンスの違いに乗っかって野党がコップの中の争いにうつつを抜かすならば不毛な政治状況はさらに続き、出口を失う。日本の将来には悲劇が待つのみだ。

エピローグ

狂想曲は終わった。しかし分裂した楽曲のハーモニーはいつ戻ってくるのか、展望は見えていない。

振り返れば民主党は政権下野に至る過程でバラバラ感を露呈させた。民進党になってもガタガタ感は引き続き、離党者もついに絶えることはなかった。

今回の狂想曲で、前原さん、小池さんは大きく傷ついた。しかし私自身にはこの二人だけを責める気持ちはない。むしろこの二人に全ての責任をおっかぶせて納得する人たちや、自分は関係ないとして増長する人たちの方にこそ私は疑問を持つ。

前原さんがあのような判断をせざるを得なかったほど、民進党は存亡の危機にあったのだ。そもそも民主党を分断させてしまった人たち、離党してしまった人たち、そして個人の思いだけで突っ走る人たち、国民はそのような姿に愛想をつかしているのだ。民進党は今回の大義なき解散で突然の大化学反応に放り込まれたのだが、実は遅かれ早かれこうなったのであって歴史の必然にすぎないと見ている方々は多いのではなかろうか。

小池さんも確かにあの「排除発言」はうかつだった。ご本人も言葉遣いとして反省の弁を述べておられる。しかし私は、狂想曲前夜から思いがけず深入りし実相を垣間見た立場において、罪深きは周辺の人たちだという心象をはっきりと持っている。そのことは既に第1節で述べた。どうせ有権者は風になびく。我々はこの人たちにそう見くびられたのかもしれない。

二大政党的運営は理想である。しかし、このような責任転嫁や風頼みが続く限り、政治の世界に期待することはできないだろう。よしんば離合集散劇で再び二大政党の姿になったとしても、形だけのものではいずれまた狂想曲を繰り返すだけだ。

今回一連の狂想曲のなかでどういう楽譜が書かれていたのか、ブラックボックスのなかにある内容を明るみに出すことの必要性を感じ続けていた。不本意な形での演奏を余儀なくされた方々の中には怨念がまだたまっている。選挙が終わって様々な場で議員の方々とお会いすると、私にまで恨みをにじませたような言辞や視線を感じることさえある。

ちょっと待ってくれ、前原さんがあのような決断をせざるを得なかったのはなぜなんだ？　民進党の再生のために皆さんはどのように力を合わせてきたんですか？　私自身もこんな思いがいささか腹に溜まってきてしまった。

それらのもやもや感を断ち切るために、これまで関係者を慮《おもんぱか》って封印してきたことをあえて世間に供することとしたのが、今回のこの第1章である。

それは同じようなもやもや感を引き摺ってきているであろう多くの連合の仲間、労働組合運動の一線で日夜努力を重ねている仲間に対する私の責任でもあると思ったのである。

そして自らの運動が大衆運動たり得ているかという問いは、常に自らに発し続けていくことがなくてはならない。

頭でっかちではだめだ。いくら良い中身であっても、いくら理屈の上で正しいからといっても、共感を呼ばなければ、運動としての大きな力にはなり得ない。

s新しいスタートを切らなければならない。日本の民主主義を本当の意味で根づかせるためには、私たち連合がさらに地力をつけていき、発信力を高めていかなければならない。

第2章

暮らしの底上げ

なんじゃこりゃ？　から始めよう

ゾンビ体操というのがあるのだそうだ。ひたすら上半身の力を抜いてぶらぶらさせる。手もぶらぶら頭もぶらぶら、下半身はジョギング風の足踏みで。なんじゃこりゃ？

血行が良くなるとのことでカミさんから勧められ指導を受けたのだがOKが出たためしがない。「あなたのは自分で頭を振っているので自然にぶらぶらとなっていない」「力を抜かなければダメ！」

日常生活のなかで、どうも力の入りっぱなしという自覚症状はある。寝ている間も思いっきり歯噛《が》みをしているようで、いわゆる「くいしばり」によって歯の奥の神経が痛んでしまう。今は毎晩寝る前に予防のマウスピースを装着している。

寝ている時間がダメなら起きている間にリラックスできるかといえばそりゃそもそも無理な話というのが私の三十有余年の労働運動歴である。緊張感やストレスは高まる一方だ。

ここ最近は春闘のヤマ場と野党の新党論議のタイミングが重なり、分裂状態に陥りそうな頭の整理を必死に図ってきた（もちろん表ヅラは努めて冷静さを保ちつつ……）。

連合は、今年は底上げ春闘だ！と力点を置いている。実際に中小企業の回答引き出しは足もとで引き続いている。どれだけ賃上げの輪を広げることができるかが今年の春闘の最大のポイントだ。

「底上げ春闘」といったってそんなのはムリ、みたいな突き放した言い方もそこここにある。ものごとを変えようと思ったら、変えなくてもいいと思っている人たちや変えないほうが楽だという人たちも巻き込んで発想の転換を促し、一つの大きな運動にしていかなければならない。世の中の大きな雰囲気づくりにしていかないと成り立たない話である。このままでは日本経済は永遠にデフレの深い闇のなかだ。

一方では「官製春闘」という言葉を好んで使うメディアもある。この言葉ほど格差拡大を助長している言葉もない。大半の企業経営者の皆さん方には政府の要請など他人事《ひとごと》ではないか？　他人事のさめた感覚を培養しているのがこの官製春闘という言葉なのではないか？　そして、労使交渉のメカニズムをご存知ない一般の方々は官製春闘という見出しを目にして、そうか安倍さんは賃上げに力を振るってるのか、すばらしい、と感じている。

なかには政権の施策を揶揄《やゆ》するつもりでこの言葉を使ってきたメディアもあるのかもしれないが、結果的にはトリクルダウン的発想の政権応援団、格差助長の応援団になってしまっている。

連合は地道にクラシノソコアゲ応援団を展開していく。体も頭もゾンビ体操で柔らかくしながら進めていきたい。

2016.4.7

ホントは何を考えてるの?

わが家には犬三匹猫二匹が同居している。皆ワケアリで、道端に捨てられていたとか飼い主の事情、ひどいのは虐待からの避難等、わが家はちょっとした犬猫のシェルターだ。

一つ屋根の下に一緒に暮らしていると自然と愛着がわくもので意識は家族同然、お互いに何を考えているかだいたいわかるものである。

一方、一般社会における人間どうしというのはなかなか難しいもので、同じ言葉を使っている日本人どうしでさえ、いったい何を考えているのかわからないことがある。

昨年の通常国会、労働者派遣法の改正といったってあれはどうみても正真正銘の「改悪」であった。ただでさえ「生涯派遣で低賃金」という実態が広がってしまっている派遣労働、今回の内容は、どんな仕事も取っ換え引っ換えの派遣労働に置き換えられますよというものだ。とりあえずのコスト削減だけを考えている経営者には麻薬のような法律だ。

実は日本の労働法制には肝腎《かんじん》なところで歯止めがない。戦後しばらくは全国民が歯を食いしばって敗戦からの復興に力をあわせてきた。そしてその後の高度成長期はいわゆるモーレツ社員の姿が成功体験のシンボルでもあった。その余韻が未《いま》だに尾を引きずっている。

そもそも我々には、同じ日本人なのだからお互いのことはよくわかっているという錯覚がある。この狭い島国に長い間同居し続けてきたことで、アウンの呼吸が社会のルールの上位概念になってしまっている。ブラック労働の遠因だ。

この派遣法について連合は、諸外国では当たり前の「均等待遇原則」を盛り込むべきと主張し続けてきたが法案策定には反映されずじまい。国会では民進・維新・生活の共同提案で同一労働同一賃金の法案が提出されたが、なんと政権与党は当時の維新の大阪組を抱き込んでこの法案を骨抜きにし、派遣法本体も強行採決に持ち込んでしまった。

今頃になって政権は同一労働同一賃金を売りにしているようだが、昨年の通常国会の顚末を知る者からすれば、しらじらしいことこの上ない。ＧＤＰ６００兆円もそうだが、この種の見栄え優先のアドバルーンには相当目をこらしてみておく必要がある。

もちろん私たちクラシノソコアゲ応援団は後ろ向きのことだけを言い続けるつもりは全くない。諸会議で様々な検討が進められているようだが、やるからにはキチッとしたものになっていかなければならない。

まずは多様な働き方の類型ごとに同一労働同一賃金の判断の目安を示し、使用者が合理性の立証責任を負うことを明確にすべきだ。

さらに大事なことは、人を育てる視点であると思う。これが昔は当たり前のこととしてあった。建前だけの同一労働同一賃金ではいろいろと言い訳に使える項目が列挙されるだけになる恐れがある。それでは低処遇の実態は解消されない。アドバルーンを準備した方々はいったい何を考えているのであろうか？

同じ日本人だからこそ注意が必要だ。

2016.4.24

最初がカンジン

前回お話ししたようにわが家は犬猫と人間たちが共存共栄の関係にある。その歴史は17年前にまでさかのぼるが、そのころのワンちゃんたち親子四匹は既に皆、天に召されてしまった。それぞれが類いまれな個性と能力の持ち主であった（親バカでごめんなさい）。

なかでも私にとってはアンコという名の娘のことを忘れることはできない（今でも思い出すと目がウルウルする）。後ろ脚で立つと人間と変わらないくらいの背丈の大型犬、真っ黒でマッチョで道に落ちていたゴルフボールもパリーンと割ってしまうほどのアゴ力の持ち主で、その外見からよその人間たちも犬たちも結構怖がっていたが、実はこの子が最も気持ちの優しいナイーブな子であった。

この子はわが家で生まれた直後、たまたまほろ酔い気分で帰宅直後の私の胸に抱かれたがために、その後成長しマッチョで30キロの体躯《たいく》になってからも、小さな子どもの気持ちそのままに私にべったりだったのである。

久しぶりで家に帰れば狂喜乱舞、休日ゆっくりできたときはどこまでも一緒についてくる。あんなかわいい子はいなかった（ダメだ、また目がウルウルする）。

おそらく生まれた直後に私の胸に抱かれた最初の経験は決定的だったのだろう。アンコには私が実の親のような存在としてすり込まれたのだろう。最初の経験は大きい。

ところで、よく若い人の選挙の投票率の低さが嘆きの対象となっているが、しかしその状況をつくってしまったのはもっと上の世代ではないか。私なども含めてジジババ世代の責任を感じる。

今、主権者教育の重要性が様々な形で強調されている。そのこと自体は画期的なことだが、よく考えれば、「主権者ってそもそも育っていなかったんだね」ということがこれでおおっぴらにばれてしまった。

政治の大事さ。つまり税金の使い道も法律もみんな政治が決めるんだよー、だからみんなよく考えて投票をしなければいけないんだよーっ、ということを、みんなあまり考えないまま子どもから大人になってしまった。それが何十年も繰り返されてきてしまっていた。

2016年はじめて、政治の意味をきちっと教育された人たちが投票をすることになった。

18歳というのは、社会的には産声をあげるかあげないかのタイミングの世代だ。私はこの世代の人たちがその後の長い人生のなかでクラシノソコアゲを実現できるかどうかは、まさに一人ひとりが政治を自分のものにできるかどうかにかかっていると思う。

そして今年はそういう新しいきっかけを、18歳世代だけでなく社会全体が共有するチャンスだ。

ある日選挙の投票案内はがきが来て、でもめんどうくさいしよくわからないから投票にも行かずにズルズル過ごしてしまって、でもとりあえずなにも困らなかったなーみたいなことで棄権が繰り返されるような社会はもう終わりにしよう。最初がカンジンだ。

「休み」も格差拡大の袋小路？

2016.5.1

私は毎朝の散歩を大変楽しみにしている。カミさんや犬たちと近くの多摩川沿いを一時間弱歩くのだ。犬たちにとって散歩は食事と並ぶ最大かつ最高のイベントであるから、実にハツラツとした姿である。その犬たちと一緒に歩くことで普段だいぶクタビレてきた当方も元気をもらうことができる。

自分の思い通りになる休息の時間は人間にとって不可欠だ。もうすぐ始まるゴールデンウイークは、多くの人たちにとって貴重なリフレッシュのときでもあろう。新聞・テレビなどでも行楽地の賑《にぎ》わいなどが数多く報道されることだろう。

しかし、だ。

実際にはこのゴールデンウイークというのは格差社会のコントラストをより際立たせ

るものとなっているのではないか？

いわゆる「格差」について通常とりあげられるのは収入面における経済的格差だ。まさに今年の春闘も「底上げ」を強調し、賃金の引き上げにとことんこだわる取り組みを展開している。まずは生活を成り立たせるという次元での格差を解消していかねばならないので、世の中的にもその趣旨が目立つことは必然と思っている。ただ同時に忘れてならないのは、それ以上に格差をひどいものにしているのは「休み」の問題であり、労働時間・ワークライフバランスの問題だということである。そもそもわが国の年休取得率は平均でも50％にすらならず、ほぼ１００％が当たり前の欧州先進国とは雲泥の差がある。その日本のなかにも大きな格差がある。

今年のゴールデンウイークは年休をうまくとってつなげれば十連休になるなどとも言われている。実際にそれが可能で海外での長期休暇を楽しめる方々も多くおられるであろう。しかしそうはいかない人たちがあまた存在することに、社会全体が目を向けるべきだ。

しっかりした労使関係があれば様々な手立てをうちながら、そのような問題をキャッチアップする仕組みは持つことができる。しかしその埒外《らちがい》に置かれた人たちからすると、年休などそんなに簡単にとることはできませんと言われるだろうし、むしろどんどん働いて低処遇の状況を脱していかなければならないというのが差し迫った日常の闘いであろう。

問題なのはそのようなことが結局は袋小路の格差拡大、負の連鎖を生じさせていることだ。人間、ある程度の余裕がないといい仕事はできないし、いい仕事もみつけられない。家庭生活や子育てにも大きな障害となる。

六カ月以上の勤続で原則十日の年休取得の権利がある。何か問題があったら一人で悩まず、クラシノソコアゲ応援団にご一報を！

2016.5.8

大きい犬、小さい犬

愛犬家の世界では常識だが、犬は体が大きい方が気持ちが優しいのが一般的で、小さい犬ほどすぐにおびえてギャンギャン吠《ほ》えまくる。わが家においても、体重30キロで頭の大きさは私を凌駕《りょうが》するべべ君は年に数回しか吠えないのに対し、チワワのキーラ嬢はなにかといえばやかましい。

新参者のシーズー・ニモ君もキーラ嬢につられていぶし銀の声で対抗してしまう。そんなときも、べべ君だけは泰然自若、全く動じる気配はない（番犬にはなれないが）。

たまに新聞・テレビで大型犬が人を嚙んだというような報道がなされることもあって、やっぱり犬は怖い、大きい犬は獰猛《どうもう》だ、などという風評が広がるが、これは実際には余程《よほど》ひどいしつけがなされていたとしか考えられない。あるいはひたすら怯《おび》え続けるような劣悪な環境に置かれていたか、単なる甘えの甘嚙みが誤解されたというようなことではないかと思う。

本来大きな犬たちはいつくしみ深い性格である。人間が彼らにおかしなことさえしなければ、小さな犬たちにも、そしてもちろん人間に対しても驚くほど優しい気持ちを示してくれるものだ。

一方で人間たちの世界はどうか？

立場が優位な人間たちがその権力をかさに着て弱い立場の人間をいじめる・いびる・

はずかしめる、そんなことを平気でやらかすような風潮が見受けられる。親が子どもを虐待したり、お年寄りを標的にした詐欺が横行したり、ヘイトスピーチがもてはやされたり……、思慮のかけらもないたわごとを吐く議員や、人を見下したえらそうな国会答弁なども、そういう風潮にはまっている感じだ。

ブラック企業・ブラックバイトなどのすさんだ雇用の現場や、職場に横行しているセクハラ・パワハラ・マタハラなどもその絵柄にはまっている。だいたいそんな言葉自体が昔はなかったわけで、この二十年間、経済格差が大きく拡大してきたなかでの出来事だ。

連合が開設している電話労働相談ダイヤルには日々様々な相談が舞い込んでくるが、女性からの相談では特にこれら一連のハラスメント関係が増加している。上司が関係を迫るとか、妊娠したら退職を強要されたとか、あるいはそのようなパターンのみならず、会社に相談窓口はあるが担当者が男性であるとか、朝礼でのセクハラ注意喚起に実例・実名を使われたとか、他にもいろいろ耳を疑うようなケースがいっぱいある。

ひどいしつけで育った人間に噛みつかれてしまったら、ためらわずにご一報を！

2016.5.29

犬たち猫たちに学ぶ

最近は動物たちがお互いの種《しゅ》の壁を越えて仲睦《むつ》まじく過ごすネットの動画が人気だ。わが家の犬猫たちも先任権的秩序や一定の緊張感を持ちながらも、それをあまりガチガチにすることもない。ちょっとしたイジメに対しては年長者がすかさずたしなめ大事には至らない（現在は最年長の猫ホドリ君がその役目をしっかりと果たしている）。お互いの気心が通じ合っている。

それにくらべると人間たちは、生物の進化の最先端にいるはずなのだが、際限のないテロと憎悪の連鎖、核戦争の脅威等々、進化という言葉を素直に受け取れない愚かな事象のなんと多いことか。

そんななかでもわが国は敗戦後、長年の平穏を享受するもとで、様々な対立があってもそれを話し合いで乗り越え課題を解決し発展をとげてきたはずだった。しかしどうも最近様子がおかしい。昨年の国会では、安全保障法制や労働者派遣法改正が、有無を言わせぬ強行採決という図式で強引に決められてしまった。

同じ敗戦国でもドイツという国は、実にしっかりと国民のための政治を実現し、そしてまた将来像を描いているものだと思う。足もとではキリスト教民主同盟と社会民主党を中心にした再度の大連立政権も二年半近くとなり、盤石のメルケル政権は財政問題もクリア、近未来のインダストリー4・0への準備にも余念がない。

いきなり大連立などという高いハードルを目指すのは無理な話だが、わが国ももう少し合意形成を大事にした政治を実現していかないと、借金地獄の財政やら子育て・教育・奨学金問題等様々な矛盾が膨らむ一方であり、将来世代にさらに重くのしかかっていくこと必定だ。

先日縁あって連合福井のメーデーに参加する機会を得た。多くの地方連合会では政労使あるいは公労使での合意形成が非常にうまくいっている。この連合福井メーデーにおける来賓の西川一誠県知事と東村新一福井市長のご挨拶《あいさつ》はその雰囲気を十分にうかがわせるものであった。県内の多くの地域協議会においても行政とともに労働環境の整備に力合わせを図っている。福井県が様々な調査で幸福度日本一の県とされているのもむべなるかなである。

ところが国政レベルにおいては雇用・労働に関わる大枠の問題やその背景としての経済・社会政策に関する諸会議の議論や対話に私たち連合が関わる場面がここのところあまりない。政労使会議もいつの間にかどこかへ行ってしまったままだ。先進国では当たり前の三者構成主義が実に希薄だ。

連合中央本部の会長としては誠に忸怩《じくじ》たる状況である。遠吠《とおぼ》えしていれば済む問題ではない。結局のところ割を食うのは働く者全てだ。

「進化」にふさわしい政治の姿を実現していくためには、自分たちから立ち上がるしかない。

2016.6.12

しばられるのはどっちだ?

「休み」も底上げが必要だということを以前述べたが、そもそも日本人や日本の社会には、休みをしっかりとるという文化・風土が根づいていない。

かく言う私めも休みのとり方は上手とはいえない。かつてまだ30代の頃に仕事でタイに住んでいたことがあったのだが、休暇をリゾートホテルで過ごしたときも何か心のなかに落ち着かないものを感じていた。家族の前で仕事を持ち込むようなことはさすがにしなかったが、プールサイドに寝そべったときなど、「自分はこんなところでこんなことに時間を費やしていて、果たしていいのだろうか」などとつい思ってしまう。

5割にも満たない日本の年休取得率の原因分析は様々あろうが、皆心のどこかにしばりをつくってしまっているのではないか？ 休みはあまりいっぱいとるものではない、ほどほどにしておく、などという。

実は、しばりを感じなければならないのは、経営者さんたちだ。経営者の皆さん方には従業員にきちんと休みをとらせるというつとめが本来あるはずだ。様々なワークルール同様にこのしばりを認識してほしい。

しかし、実際は法律や労働協約などで決められている当然の権利を、働く側が勝手に心のしばりをつくって相当に放棄をしてしまっている。日本人は働くことにきまじめな人が多いから。

そのきまじめさがアダになることがどうも多い。見過ごせないのは、このきまじめDNAが若い人たちや学生さんにも受け継がれていて、そこにつけ込む悪い経営者が増殖していることだ。

4月に入学された学生さん、そろそろ学園生活にも慣れてきたのでバイトをやってみようという方も多かろう。あるいは必要に迫られてすでにやっているなかで働き方に疑問を感じている方もおられるかもしれない。親御さんにもブラックバイトの報道などから心配を膨らませておられる向きが多いと思う。

連合にも様々な事例の相談が寄せられている。最近よく聞くのは人手不足に起因するもので、休みの問題もそうだが、さらにたちが悪いのはやめたいのにやめさせてくれないというものだ。当然ながら労働基準法で退職の権利は保障されている。

だいたい法律というものは、多くの場合、立場が強い者や権力者の所作が横暴にならないようしばりをかけるものである。そして憲法はその本家本元である。

その憲法が今の形になってスタートしてまる69年をこえた。しかし、この69年の間に、憲法とはそもそも、「国民を守るために為政者にしばりをかけているもの」という認識はどこまで一般的なものとなっただろうか？
「しばり」の本末転倒にはよほどの注意が必要だ。

素直に考えたい

2016.6.19

こんな近いところにこんないい場所があったとは！　先日わが住まいから20分ほど歩いたところの、自然をそのままに生かした素晴らしい公園を散策する機会を得た。いつも仲良くしていただいている散歩仲間（犬仲間）に教えていただいたのだが、連日遅くてクタクタになっている身体が、木々の緑と新鮮な空気でシャンとなっていくのが自分でもわかる。そして犬たちの喜々とした姿を見ることで自分も元気を取り戻す。

考えてみればなにも何時間もかけて遠出する必要もない。それもたまにはいいだろうが、身近なところにも素晴らしいスポットがあることが見逃されている。人間、素直に考えたいものだ。

このとき、この公園のヌシのような方にお話を伺うことができた。素晴らしい見晴らし、眼下の風景、今日は遠くに所沢のドームが見えますね、そして西側に目を転じれば奥多摩の山々が見える、富士山の頭も……。

「今日はまだマシだけど、夜中にゴミがいっぱい捨てられていてね……」。見ればビニール袋にいっぱいのゴミ。この方の毎日朝早くのゴミ収集のおかげで高台の憩いの場はなんとか保たれている。特にひどいのはどこからか集まってくる若者の集団が飲み食いで散らかし放題、夏になると花火のやりっ放しだそうだ。

以下、私の毎度の嘆きである。普通の犬たちは犬社会のルールをたやすく身につけるものだが、人間たちはそうもいかないようだ。人間は言葉を話したり文字を読めても愚かさはなおらない。いやむしろ愚かさが言葉や文字のためによけい複雑になっている。いさかいがあると解きほぐすのが大変だ。

だから揉《も》め事が起きないように、起きたときにはなんとか解決できるように、住みやすさ暮らしやすさのために、あるいは社会の秩序を保つために、心ある先人たちは随分と苦労を重ねてきた。「民主主義」だとか「選挙」という仕組みをつくってきたのはその苦労の結晶だ。

そうやって苦労してつくってきたものなのに、今多くの人たちは政治や選挙を他人事《ひとごと》に考えてしまっている。「お任せ民主主義」などという言葉が幅をきかす世の中だ。権力者もその方が都合がいいと思っているフシがある。

私たち連合は全ての働く者のための存在として政治に正面から向き合っている。労働組合が政治に関わることを疑問視するような方々が少なからずおられるが、なぜですか？　業界エゴ丸出しやイデオロギーありきは指弾されてしかるべきだが、働く者の雇用と生活を守り向上させるために政治と関わることは不可欠だ。勇気をもって政治の世界に飛び込もうとする仲間を立法府に送りだすことを素直に考えたい。来る参院選にはサラリーマン・サラリーウーマンの多くの仲間が手をあげる。福井と鹿児島は現役の連合事務局長。義を見てせざるは勇無きなり、だ。

2016.6.26

お金は欲しいけど…

犬猫にはない人間のツール……もう少しこの話題を続けさせてください。

人間は「言葉」を獲得したのみならず、現物の価値を置き換えるものとして「お金」というツールを実現した。人間にとってお金は極めて便利なものであり今さら物々交換の経済に戻ることはできないが、しかしどうもこのお金というしろものも最近はワザワイのもととしての性格が顕著になってきているようだ。

もともとは現物の価値に裏付けされていたはずのお金、あるいは一生懸命働いたことでその対価として得るものであったはずのお金が、ゲーム的感覚によって増やすことが本流であるかのような社会になってしまった。

近年は政府までそのことに乗っかってしまっていて、私たちの貴重な年金積立金まで株式市場に投入され、やれ上がった下がったと一喜一憂することになってしまっている(昨年度の運用実績は相当の損が出たようだがその発表は例年の7月上旬ではなく下旬に変更された由。何もかも先送りなんですね)。

一方ではお金の価値をあらわす金利は、どういうことかゼロを通り越してマイナスというものまで出現してきた。おかしな話だ。庶民からすればお金の価値は全く下がっていない。無くて困っているのだ。ちゃんと回してくれたらいくらでも使ってあげますよ。でも回ってくるきざしがないから仕方なく危険予知で財布のひもを縛っているのです。こんなことじゃいけない。みんなで、社会全体で、クラシノソコアゲにつながるようなお金の回し方をしようではありませんか。

ここ数年の企業収益や内部留保も偏在が進む一方だ。得られた付加価値に基づく成果配分は、全ての働く人たちに広がらなければ意味がない。

年々高まる貧困率に象徴される格差社会を反転させなければ、日本の経済は永遠に浮揚しない。社会保障や教育の下支えは待ったなしの課題なのだが……。

「言葉」や「お金」という便利なものを獲得した人間はその後新たな発展段階において「投票」というツールも手にすることとなった。しかしどうもこの投票というやつはわが日本国では相当に遠ざけられてしまっているようだ。使ってもしょうがないと思われているのだろうか。

一方では18歳にまで使う権利が広げられ、主権者教育が盛んに行われている。あ！主権者教育って今までさぼってきたんですね。それじゃあ政治は良くならないわけだ。

ところでこのように人間が手にした便利なツール、「お金」と「投票」、しかし間違っても両者が結びつくようなことは許されない。

臨時給付金というお金が65歳以上の方々に広く配られていますが、根拠とされていた消費増税も先送りされた今、これはどういうお金と考えればいいのでしょうか？

一方では今の日本、子どものクレジットカードで買い物をしている世の中とも言われています。

2016.7.17

野球も人生も社会の支え合い

社会人野球最大のイベント都市対抗野球大会がはじまっている。7月26日の決勝戦まで、優勝を目指して各チームが力を競い合っている（東京ドームだから雨天順延なし）。実は私も今を去ること35年前に当時の、姫路市代表新日鉄広畑チームのマネジャーとして大会出場の栄に浴することができた。名将土佐秀夫監督をはじめとした素晴らしいメンバーに恵まれてベスト4にまで勝ち上がることができた。私にとって人生の宝ともいえる経験であった。

産業構造の転換や企業活動の消長などもあって、社会人野球の基盤も様変わりとなって久しい。チーム数もかなり減り、いわゆるクラブチームの比重も相対的に増している。

実は当時の新日鉄広畑野球部も鉄鋼経済激変のさなかにあって、かつてのホワイトカラー従業員中心の構成からブルーカラー従業員、協力会社社員との並存という変化のさなかにあった。給与明細を見せ合えば複雑な思いを抱かざるを得ない若者たちが、しかし野球で強くなるという共通の目標では熱く燃えさかる火のように一つにまとまった（なお後年労働組合の専従役員となって様々な制度改定にあたることとなったが、最大のテーマが人事処遇制度であり、ホワイトカラーとブルーカラーの制度一本化が柱であった。労働組合にとって長年の悲願であった）。

野球人は同時に働く者・労働者である。正式な労働組合であるプロ野球選手会は支え合い助け合いの着実な取り組みを行っており、私たち連合とも連携関係にある。

そして世の中全体を見れば、「野球人」とは、アマチュアはもとより独立リーグやBCリーグといったものを含めて、なんらかの形で普通の仕事をしている人たちが大半だ。

仕事が不安定な雇用や低処遇の労働条件であっても、仕事を終えて夜遅くまで皆で力を合わせて苦しい練習に取り組んでいる。本当に心を打たれる。ガンバレ！　ある意味ではこれが普通のスポーツの姿といえるのかもしれない。応援する人たちも多様な拡《ひろ》がりをみせているし、社会全体で支えるというなかで、若人も活《い》き活きと今を生きているのであろう。

しかし、本当にこの人たちを社会全体が支えているのか否かは、「今」だけではなくて、この人たちが「将来」の展望も持てているのかというところまで見極めなければならない。

まずは安定的な雇用が軸になっていかなければならない。そして雇用が不安定なものであっても、社会全体の仕組みとしてセーフティーネットが確立されていなければならない。失業の憂き目にあっても路頭に迷わない仕組みがこの国では極めて脆弱《ぜいじゃく》だ。

そしていつか年老いて後輩に野球を教えようという段になって、年金や医療・介護の問題に不安を抱えるようではお寒い限りだ。野球の歴史はどこかで途絶えてしまう。

2016.7.31

ときにはバカボンパパのように

思わぬ指摘をカミさんから受けることがある。

「あなたの鼻毛は外に飛び出ている。普通鼻毛は内側を守るように生えるものだが、あなたのはバカボンのパパみたいだ」

根っからの赤塚ファンとしてバカボンのパパにそれなりの親しみは持つが、まさか自分はあんな恰好《かっこう》ではないはず。しかしたまにチョロリンと伸びている鼻毛は、確かに外に向かって生えている。たった一本二本程度のことではあるのだが、しっかりと自己主張をしている。

職業病というか牽強付会《けんきょうふかい》というか、最近はこのような率直な指摘と鼻毛の姿にもわが連合のあるべき論を想起してしまう。内にコモってはならない！　皆がもっと外に向かっての発信力を持たなければ！

そして、せっかく良いことをやっていても知ってもらわなければ何にもならないというのは、我ら連合・労働組合のみならず、言わば兄弟組織の労金（労働金庫）なども共通のテーマのようである。クラシノソコアゲに関するいろんな話が埋もれているようだ。

労金の設立は1950年にさかのぼる。当時の設立決議の提案理由には、「労働者個人の生活資金の融資にいたっては、銀行に預金を持ちながら、一切融資の途《みち》を絶たれているので、高利の質屋か闇金融に頼り、ますます生活の困窮に拍車をかけている」という一節がある。労金とはいわば働く者にとっての「お金の協同組合組織」なのである。三年後に制定された労働金庫法によりその位置づけは明確なものとなっており、いわゆる銀行とは異なる。

現在では全国に640店舗、18兆円超の預金残高を持つ一方で、ローリスクの資産運用のもと、しっかりとした基盤に裏打ちされた、働く者のための金融機関となっている。

普通、市中にある無担保融資はどうしても高金利になりがちであり、結果的に多重債務に陥るケースもままみられる。労金では組合員を対象に低利融資の紹介や弁護士・司法書士のネットワークも活用した丁寧な相談・サポートを実施している。

また勤務先の事情による収入減や離職、災害からの生活再建など、セーフティーネットにも力を入れているし、最近ではいわゆる非正規といわれる形態で働いている方々のトータルライフプランを支援するメニューの充実を図っている。

このような労金本来の支え合い・助け合いの趣旨はもっと知られてしかるべきだ。個々の労働組合と労金が日常的な連携を密にすることは、実は大きな社会運動につながっているのである。もちろん労働組合がない職場の方々も簡単な手続きで利用できるのであり、労金は連合と同じく、全ての働く者のための存在である。

ところで、バカボンパパのあの鼻毛に見えるものは実はヒゲなんだそうだ。鼻毛でもヒゲでもいい。伝説をつくるような発信力を持っていこう。これでいいのだ！　2016.8.7

よく効く注射は、お値段いくらですか

カンフル剤ばやりである。28兆円の経済対策、異次元の金融緩和……、揚げ句の果てはヘリコプターマネーなどと。

カンフル剤とは本来、一時的な刺激によるきっかけづくりのはずだ。きっかけにより

事態の改善を図ろうとするものだと思うが、どうも最近のカンフル剤使用はどちらかというと麻薬のような感じで、これがないと立ち行かなくなるような、そんな危うさを感じざるを得ない。

そもそもの体力を復活させるということこそが本質であり、普通の国民の暮らしの底上げが不可欠だ。世の中が皆その気になるような地道な積み重ねこそ唯一の解決策だ。たとえ次々と注射を打ってもらい、みかけや見栄えを良くしてもらったとしても、その高価な注射代はいったい誰が払うのだろう。そういう心配はしなくていいものか。

心配しなくていいんですよ、とにかく今が大事なんです。今を大事に生きましょうよ。1億2000万人の国民が自らにそう言い聞かせているというのが、「新しい判断」のもとでのわが日本国ということか。

人間がそう思うくらいだから犬猫たちは当然にして今が大事、今だけが大事の毎日を生きている。

急激な少子化の一方で空前のペットブームである。わが家も人間の子ども三人が独立して以降もおおぜいの犬猫同居のおかげで依然としてにぎやかな日常だ。

うちのカミさんは犬猫平等に愛情を注いでいるが、私は犬派だ。猫は何を考えているかよくわからない。一度全く前後の脈絡なく足をひっかかれたことがある。と言っても傷にもほとんどならないような程度で、それはただ単にかまってもらいたかったのだろうというカミさんの解説もあったが、しかしやはりいきなり痛い目にあうようなことは避けたい。

一方の犬は、愛情を注げば注いだだけこちらにも気持ちを返してくれる。実にわかりやすい。猫たちに対しても同居している間柄だしいい奴《やつ》らだとは思っているが、やはり犬のケナゲさにはコロッと参ってしまうのが正直なところだ。

それだけに、よくテレビや動画ネットに映されている犬の芸当には複雑な思いを禁じ得ない。滑稽《こっけい》な動きをしたり、直立歩行などの人間の動作をまねたり。知らない人からみれば、犬も喜んでいるではないかと思えるかもしれないが、あれは飼い主が喜ぶからやっているだけの話なのだ。飼い主の人間が喜ぶことであれば、たとえ少々キツいことであっても犬たちは何度でも繰り返す。しかし無理な動作や、つらいことの反復は、結果として関節をいためたり、さらには寿命にも影響してしまう。

考えてみるとそのへんの理屈は人間の世界でもよくあることのようだ。政治家が目先のバラマキで有権者を喜ばせたり、選挙に勝つことだけを考えて計算に走ったり。しかしその場しのぎのカンフル剤注射は値段も高いし、その繰り返しではいずれツケが回ってくる。自らの寿命を縮めた揚げ句に残るのは後世への膨大な負債だけだ。

2016.9.4

有限の時間に無限の可能性がある

わが家の愛犬べべは純種のゴールデンレトリーバーなのだが、なんと推定2カ月のときに多摩川沿いの道路にケージごと捨てられていたという悲しい過去を持っている。極めて穏やかな性格でしつけもしっかりされていたが、指と指の間が普通の犬よりもやや開きにくく、それが捨てられてしまった原因だったのかもしれない。しかし日常生活にはなんらの支障もなく、すくすくと育ち今は6歳だ。

一度も怒ったことがなく、吠《ほ》えることすら月にいっぺんあるかないか。しかし食べ物が視界に入ると人が変わったように（犬が変わったように）突進してしまう。

私も食いしん坊のほうだと思うが、うまいものや好物などを食べるときは、ゆっくりと味わいたい。しかし犬たちは違う。好きなものであればあるほどあっという間にたいらげる。なにもそこまで急いで食べなくてもいいのにと思うほどである。

ご存知のように犬の寿命はドッグイヤーなどといわれる如《ごと》く、大型犬で11〜12歳、中・小型犬では15〜16歳でも結構長生きのほうだ。だから限られた時間のなかで飯も食い急いでいるのかと思いきや、べべを観察している限りは、ただ単にひたすら無心にエサをむさぼり、終わったらまた次の目標に向かうというだけの話であるようだ。

人を雇って働かせている皆さんには、働いている人の一生や生き様を実感してもらいたいと私は思っているが、他方で、働く側の方も、より充実した働き方を自らが主体的に追求していくことがますます大事な世の中になっていると思う。長い物には巻かれろでは展望は拓《ひら》けない。

かつての働き方・働かせ方は、雇用者が、従業員の面倒はずっとみてやるから、そのかわり人生を捧げて働いてくれ、といわんばかりのモデルであったように思う。そんななかでは労働時間のルールも何もあったものではない。ズブズブの関係のなかで定年まで必死に働き通すという単線型モデルが幅をきかせてきたのである。

それもまた単線型の経済発展の高度成長期においてはうまくはまったのであろう。しかし、今やそういう働き方は、結果的にダラダラ残業などと揶揄《やゆ》される世の中なのである。

そもそも「ダラダラ残業」などとは聞き捨てならぬ言葉だ。残業は本来、上司が部下に下命しなければ成り立たないものではないのか? こんな言葉が横行すること自体、もたれあい的現実がワークルールの本来のあり方をいかに見えなくしているかという証左である。そこで割を食うのは結局は働いている人たちだ。

意識改革とワークルールの改革は車の両輪だ。適当にお茶を濁すようなことでは全く前に進まないし、どちらかだけが前に進もうとしても事態は動かない。

この両輪を前に進める鍵は「コミュニケーション」と「想像力」だ。しっかりと取り組みたい。

2016.9.18

私たちは「現実主義者」だ

連合では毎年、沖縄、広島、長崎、根室の四カ所で一連の平和行動を実施している。平和への思いを共有し語り継いでいくとともに、日米地位協定の見直し、核兵器廃絶、北方領土返還等、それぞれの重要テーマに関わる認識を強化・アピールする取り組みだ。全国から多くの仲間が集まり、地元の首長さんや共催・後援団体を含めた多数のご参加を得つつ集会を開催している。そして若者たち自身の手づくりの活動を行ってきている。

「えっ、労働組合って賃上げに取り組んだり労働条件を良くしていくための団体じゃないの?」という方もおられよう。「それよりもクラシノソコアゲをしっかりやってください」などという声も聞こえてきそうだ。

しかし私は30年余の労働組合役員人生を経た今、つくづく思う。労働組合こそ平和に向けた取り組みをしっかりと継続していかなければならない。そもそも究極の人権侵害である戦争が当たり前の世の中に戻ってしまったら、クラシノソコアゲもへったくれもあったものではない。そして大事なことは「主張する」ということであり、そして「語り継ぐ」ということである。どちらもなかなか一人ひとりの個人でやることは難しい。そもそもその大事さに気付かない人が世の中にはどんどん増えている。「人は一人では生きていけない」という意識をどこの誰よりも組織のDNAとして持ち続けている労働組合こそが、恒久平和を追求し続ける取り組みにふさわしい団体だと思っている。

今年は沖縄・根室を逢見事務局長にお任せし、私は広島・長崎に対応させていただいた。この平和行動を含めて、両地へは過去に何度も訪れたことがあるわけだが、今回あらためて現地で、多くの方々のお話を伺うなかで、いくつもの新しい発見があった。

その全てに触れることはできないが、一つだけご紹介したい。新聞等ではあまり触れられていない内容だが、8月6日に行われた広島市主催の追悼式典での湯崎英彦県知事の挨拶《あいさつ》にこんなくだりがあった。

「安全保障の分野では、核兵器を必要とする論者を現実主義者、廃絶を目指す論者を理想主義者と言います。しかし、本当は逆ではないでしょうか。廃絶を求めるのは核兵器使用の凄惨《せいさん》な現実を直視しているからであります。核抑止論等はあくまでも観念論にすぎません」

そうだ、そうなんだよ。この種の議論のときにいつも何かもやもやしたものを感じていたが、言葉の使い方が逆なんだ。ものすごくスッキリした。

生命科学、命の歴史の第一人者である中村桂子先生の投稿をある新聞紙上で目にしたのはその数日後だったが、そこでは、カントの名著『永遠平和のために』から「永遠平和は空虚な理念ではなく、われわれに課せられた使命である」という一文を引用されていた。

私たち労働組合の運動は全て、現実を直視することからはじまる。その輪を広げつつ、さらに前に進んでいきたい。

2016.9.25

フォーラムは底上げのカギ

「フォーラム」という言葉は日ごろからよく使われる。私も以前から何の気なしに耳にしていたし自分でも使ったりしてきていた。

ところが今私は、この「フォーラム」こそ春闘の切り札だ！ぐらいの力こぶを内心に秘めつつ、取り組んでいるのである。そんなわけもあって、この稿を起こすにあたり、そもそもの語源を知っておかなければならないと思い、あらためて辞書を引いた。「古代ローマの集会場、公共の広場」などと書いてある。そうか、やっぱりな、と思ったのである。

私たち連合は昨年から、「地域の活性化には地域の中小企業の活性化が不可欠」を合言葉に、各地方連合会において「地域フォーラム」を順次開催している。先日の北海道及び島根を終えた時点で、地域フォーラムは全47都道府県の半分を超える25で実施済みとなった。このフォーラムは、連合の呼びかけで、経営者団体の代表や地域の行政（たいがいは県知事さん）、大学の先生などの有識者、あるいはＮＰＯの方々など、このテーマに賛同いただける方々のご参加を得て、講演やパネルディスカッションで深掘りをしていくという取り組みである。早大の篠田徹教授のご示唆にヒントを得て始めた取り組みだが、これはうちわのクローズドな形ではない、まさに「公共の広場」でのオープンな取り組み、新機軸の取り組みである。

春闘というと、それはまさに闘いであり、賃金をはじめとした労働条件を決めていく基本は労使の交渉である。各地方連合会でもそれぞれの地域の経営者団体に対して、例年申し入れを行う。申し入れ自体は厳密な意味での交渉ではないが、同じように綱引きの関係における議論がベースとなる。もちろんそのような綱引きは必要だが、しかしそれだけでは結果は得られないのだ。

労使関係というものは、ただ単に団体交渉（綱引き）で労働条件を決めるというだけのものではない。並行して、マクロ経済の状況や産業・企業の課題認識を共有することに大きな意味がある。その一連のものが生産性向上、配分向上のバネぢからになっていく。ところがそもそも歴史的な経緯もあって、圧倒的多数の中小企業には労働組合がない。したがって労使で認識を共有しバネぢからを形成するということになかなかならないのだ。

それでもかつて物価が上がっていた時には世の中の春闘結果にほぼ連動して賃金は上がっていた。しかしおよそ20年ものデフレの深い闇のなかで、労働組合が無かったり賃金制度が無いところの中小企業では賃金は上がらず格差の拡大が進む一方となっている。フォーラムで個別の課題の深掘りをするなかで、共通の土台、共通の問題意識が明らかになってくる。地域の活性化のカギは中小企業の活性化であり、そのカギは働く者の活力であり、そのまたカギは生産性の向上、配分の向上ということである。

フォーラムはクラシノソコアゲのカギである。

2016.10.16

ヨコの広がりとタテの深掘り

どこの世界にも業界用語はあるものだが私たち労働組合にも相当の数の用語がある。あまり内側の論理だけの世界に陥らないようにしつつ、しかしポイントになるような言葉は、世の中にもしっかりと発信しつつ使いたい。

例えば「ヨコ」と「タテ」という言葉の使い方だ。

連合での基本的な使い方……まず、「タテ」はいわゆる産別（あ、これも業界用語だ）……つまり、産業や業態ごとのまとまりのいわゆる産業別労働組合組織で、例示をすると大きい順に、UAゼンセン、自治労、自動車総連、電機連合……という括《くく》り。

一方の「ヨコ」は地域組織で、全国47の都道府県ごとに組織をしている地方連合会の括りがこれにあたる。

言葉としての「タテ」と「ヨコ」は、このような括りを意識しながら、日常、いろいろと便利に応用させている。

日本の労働運動は、ヨーロッパの伝統的な労働組合組織と異なり、企業別の括りを第一義的な成り立ちとしている。その点が「タテ」の運動における労使関係の濃密さを成り立たせる基盤となっている。そのことが、往々、誤解も含めて、労使協調路線、労使ベッタリ、果ては御用組合などという批判の言辞にもつながっている。

私自身、企業別の運動を長いこと経験してきた人間である。あくまでも徹底的な是々非々で貫き通してきたし、言いたいことも経営側に言い尽くしてきた立場なので、企業別の運動、タテの運動の良さにはそれなりの自信を持っている。

しかし問題は、そういう良さを全く享受できない、あるいはうかがい知ることのできない人たちが世の中では圧倒的に多数派であるということだ。目下の労働組合組織率からすれば8割を超える雇用労働者には、その良さを感じ得る基盤がない。

連合がやるべきことは様々あるが、一口で言えば、この、本来の労使関係の良さをどう広げていくかだと考える。そういう意味からも労働組合づくりはまさに一丁目一番地の原点の取り組みであることは言うまでもない。

今、長時間労働の是正が大きなテーマとしてクローズアップされている。連合として長きにわたり言い続けてきたことであるが、このチャンスをしっかりとモノにしていくことが不可欠だ。今スタートさせようとしているキャンペーンでは、「ヨコ」の運動力をさらに回転させて、全ての働く者の長時間労働是正を図るための世論盛り上げと、しかるべき法改正をターゲットに据える。労働時間の上限規制とインターバル規制の導入だ。

そして「タテ」のキャンペーンは個別労使・産別労使の取り組みにおけるワークライフバランスのブラッシュアップと、それら様々な工夫の共有・相乗効果の発揮だ。

ヨコの広がりとタテの深掘りで、働く者全ての労働時間削減につなげたい。2016.10.23

きずなちゃんと日の丸君

連合は先月福島で開催した中央委員会で向こう一年間のスタートを切ったのだが、実はこの中央委員会、普通の中央委員会ではない、隠れたエピソードにより参加者の記憶に残るものとなった。

こう言うといつもの中央委員会はあまり記憶に残らないのかという意地の悪いご質問も出てきそうだが、概して我々労働組合の機関会議というものはまじめにそして総花的に数多くの報告や今後の方針について確認するというものであるから、こう言っちゃなんだが、大半の内容は面白かったり胸がときめいたりといった性格のものではない。大会議はえてしてそんな感じになりがちだが、しかし今回はちょっと違った。

まずエピソードその一。連合は、初代事務局長の故山田精吾先輩の顕彰に端を発した取り組みとして関係団体の教育文化協会により毎年懸賞論文を募集している。今年は情報労連組合員でありNTTクラルティ勤務の山口隆寿さんの「精神・発達障がい者の就労を通じて、働くことを軸とする安心社会の考察」という論文が優秀賞となり、この中央委員会で表彰を受けていただいた。

当事者でないとわからない苦労、それを克服することのすばらしさ、一方で残されている課題等、きちっとした筆致でまとめられた内容だ。それをご本人から、人柄のにじみ出た挙措と語りでご説明いただいた。さわやかで前向きな思いを共有させていただいた。

エピソードその二。これも例年の取り組みとして各構成組織からのカンパ金により「連合・愛のカンパ」と称して、様々な社会貢献活動に援助金を贈らせていただいている。今年も合計約1億円を123の団体に交付することができた（ちなみに来年分は1月に募集を行います）。

この中央委員会では代表して二つの団体への贈呈式を行わせていただいた。

一つはBHNテレコム支援協議会へ。東日本大震災で被災中の方々に、タブレットを通じたネットのコミュニケーションのお手伝いやウオーキングの普及活動・健康増進等々の取り組みなどに対して。

そしてもう一つは国際セラピードッグ協会へ。こちらはご本人ならぬご本犬のきずなちゃんと日の丸君の二匹も来てくれた。連合の中央委員会にワンちゃんが登場したのはたぶん結成以来27年の歴史で初めてのことと思う。津波のなかでご主人さんを失い、その上、生き残ったのにガス室に送られるというその寸前に協会に助けられ、二年間の訓練を経て今は立派なセラピー犬として活動しているという。凛々《りり》しい二匹を眼前に、目をウルウルさせた中央委員も多かったようだ。

どうも我々労働組合は伝統的にギスギスした文脈だけでとらえられがちだが、こういうホッとするような話題の提供も、もっと積極的にしていくべきだ。多様な側面の理解を広げる意味でも。

2016.11.20

官製は陥穽だ

言葉というものはわかりやすければいいというものではない。むしろ、変にわかりやすいような言葉は疑ってかかるべきであろう。

先月連合として公表した春季生活闘争の基本構想に関する報道に関わって、いまだに「官製春闘」という言葉を使っている報道があるのにはガックリきた。

連合や労働組合のお株を奪う云々《うんぬん》とかいうようなことを気にしてガックリきたのではない。百歩譲ってたとえ労働組合のお株を奪われたとしても本当に結果につながるのであれば官製春闘で結構。それならば百歩でも千歩でも譲りましょう。しかし、官製春闘などという概念で物事をとらえるような世界がまかり通るならば、安倍政権の支持率キープにはつながっても、春闘の結果には絶対につながらない。記事をつくったり見出しをつけたりする皆さんにはぜひそのことを考えていただきたいと思う（支持率キープを狙っておられるのなら話は別だが）。

日本は一応、自由主義・民主主義を前提とした資本主義国家だ。国家社会主義でもなければ共産主義でもない。政権が右と言えば右、左と言えば左という国ではない（違う考えの方もいらっしゃるようですが）。

しかし、ただでさえ政府与党の打ち出すものは意図的なリークも含めて大きな見出しで連日紙面を賑《にぎ》わすし、アドバルーンのように出されるそれらの内容は、それで物事が決まったかのような錯覚を世の中に与え続けている。

まさか戦前の企画院・革新官僚跋扈《ばっこ》の時代を信奉しているわけでもなかろうが、へたをすると官製メディアの官製報道にもなりかねないようなにおいを懸念される向きも多いのではなかろうか。官製ではなく陥穽《かんせい》だ。

一方でその反対側を見渡すと、なぜか、共産主義国家の樹立に向かっている人たちとそうでない人たちの境目が政治の世界でも曖昧になる傾向が強まったりしている。困ったものだ。

そんな雰囲気の世の中だがしかし、連合に集う労働組合は、明確に、左右の全体主義を排する組織である。そして経営者の方々の大半もそれらの思想とは無縁だ。

春闘というものは壮大な労使の取り組みであり、一つひとつの交渉の積み重ねで成り立っているものである。なかには安倍政権をヨイショする人たちもおられるだろうし、自主的に高額ベアを実現していただいてもちろん結構だが、多くの経営者の方々はそんなことで回答額を決めたりはしない。

官製春闘などという表現が一番困るのは、「あ、それは私は関係ない」と思う経営者が結果的に春闘に参加しなくなってしまうことだ。今年の春闘では、マイナス金利のもたらす悪影響を理由にしてメガバンク労使が早々とベア断念を世の中に公表したが、これこそまさに陥穽だ。

労働組合がないところの経営者の皆さん方にもぜひ働く者の思いとしっかりと向き合っていただきたい。そういう手作り春闘にぜひ参加していただきたい。

2016.11.27

カラスとブラック

わが家の犬猫たちの一員、白猫の通称ナーラが過酷な虐待を受けた直後にわが家に来てからもう九年になる。

何者かに後ろ足の三分の一を切り取られ、目と耳を接着剤でふさがれるという仕打ちを受けて多摩川の河原に捨てられていたのである。人だかりのなかからうちのカミさんが拾い上げ、知人の久保田勝先生（多摩川動植物の権威）と三人で動物病院に連れていき、蚤《のみ》の駆除とともに応急処置を受けさせた。その後も不自由な足と聴覚障害は残ったままだが、犬猫の先輩たちにも温かく迎えられ、幸せな生活を送っている（漱石先生の猫とは異なり、ナムタン・ヘレン・ナーラックという立派な名前も授かっている）。

多摩川沿いでは捨てられた子猫などは普通の状態でもカラスの餌食となってしまうケースが当たり前だが、ナーラがこんな状態でもさらわれなかったのにはワケがある。隠れた権威であるうちのカミさんによれば、この子の独特な鳴き声、普通の猫のミャーではなくギャーギャーという声が、カラスの子どもの鳴き声にそっくりなのだそうである。

そういう生い立ちであるからナーラはカミさんベッタリでカミさんもナーラには大甘だ。夜寝床に入っているカミさんの頭を踏みつけて横断するという癖があるのだがそれも一種の愛情表現であると耐えている。

あるときなどは眠りに入った状態でポカンと開けていた口の中に足がすっぽり入ってしまい悲鳴をあげていた。思わずアハハハと笑ったら、あなたには熟睡しているときに頭のハゲのところにナーラが頭をなすりつけているわよと教えられた。なんてこった。

さてカラスならぬブラック企業やブラック上司はいたいけな若者や立場の弱い従業員

に対して相変わらずの虐待的仕打ちを続けている。いくら色が黒いからといってあいつらと一緒にするなカアカアとカラスから文句が出そうだが、これだけ社会問題化しているなかでもブラック職場はなくならない。連合総研のアンケート調査では、働く20代の四人に一人が自分のところはブラックだと思っている。

中途半端に声をあげてもかえって藪蛇《やぶへび》になるという恐れを持つのも無理からぬところはあるが、しかし押し黙って虐待を受けているだけでは彼らは増長し続ける。

わが国の労働組合組織率は至近の数字で17・4％、つまり8割以上の人は労働組合という傘に守られていない。連合はこのようないわゆる未組織労働者の方々からの労働相談を広く受け付けており、パワハラ・セクハラ・マタハラ等のハラスメント、長時間労働・サービス残業、突然の解雇・賃金未払い等々、そして最近は休ませてくれない、辞めさせてくれないなどというブラックバイトの問題等々、年間を通じて約1万6000件の相談を受けている。

どうか一人で悩まず、一人だけで抱え込まずご一報ください。息子さん娘さんお孫さんの問題でもＯＫ。もちろん秘密厳守です。

2016.12.11

負のスパイラルを脱するために

わが家の犬猫たちは今、完璧な共存共栄で、いわゆる内部抗争的な動きは全くない。先代の犬たちは曰《いわ》く因縁を抱えていてなかなか大変だったのだが、当時を知る唯一の犬ののべべが根っからの平和主義者なこともあり、争いとは無縁の日々だ。

長年同じ屋根の下で暮らしていると種の違いを超えて意識が共通化していく。エサやおやつに対してのねたみそねみはあるものの、いずれ必ず自分にもあてがわれるという安心感が共存共栄の基礎であろう。

人間の世界も理屈は同じことなのではないかと思う。ただ、わが家の規模に比べれば、社会の大きさは圧倒的に（というか、比較対象には不適切なほどに）巨大である。そしてその時の雰囲気の流れがマスの人口規模の人間たちの命運を左右していく。そのようななかで人々が将来に向けた展望を持ち、自分自身の生活設計に確信を持てているか、社会はそれを支えうるものとなっているか……。

ネットでどんなことが飛び交っているのか、普段はいまいち疎いおじいの私だが、NHKの貧困女子高生報道へのバッシングの問題は、今を生きる人々の気質の向かう先について考えさせられる。映像に映った女子高生の部屋の光景から、なぜこれが貧困かといった類のバッシングが渦を巻いたという。

このような重たい問題にあらためて向き合わせてくれたのは、連合も主体的に関わっている「連帯社会研究交流センター」の連続講座の第二回、阿部彩さん（首都大学東京教授）による講義「子どもの貧困——解決策を考える」であった。

数多くの示唆をいただいたが、特にこの種の問題は、より多くの人たちに認知されないと問題の解決につながらない。

例えば、この問題の対象の規模はどの程度なのかということである。児童養護施設の3万人や生活保護世帯の30万人のみならず貧困率16％に相当する330万人という規模を認識しなければならない。一部のケースというより、社会のそこここにみられる普通の状況の問題だということである。

そしてこの20年近くで子どもの貧困率は約11％から16％へと拡大してきたのだ。タイの格差社会の話は深刻だけれど、日本と大きく事情が異なるのは、足もとの格差はひどいが、そこからは良くなるはずだというトレンドの向きである。一方の日本の場合は格差がひらき続けている。中間層の厚みも相当に棄損をしている。

ネットの世界で根強い自己責任論は本来は、問題の本質とは無縁の矮小《わいしょう》な議論である。さまざまな事情で困難な立場にある人間を慮《おもんぱか》る気持ちと政策的な課題解決の両面をマッチさせないと社会はおかしな方向に行ってしまう。事柄の性質は全ての生活者に関わっているものなのだ。同質社会のねたみそねみを克服して、負のスパイラルを脱却していこう。

2016.12.25

いまどきはレシピが大事

うちのカミさんは料理をつくるのが好きで、良く言えば天才肌、悪く言えば適当なのだが、酒のつまみなどは結構おいしいものを手早くつくってくれる。創作料理というと聞こえがいいが多くの場合、再現性は伴わない。

そんなことを言うと読者からお前は贅沢《ぜいたく》だとか、性別役割分担意識が抜けていないのではないかなどとのご叱責を受けそうなので、そういう話ではありませんと低姿勢を示しつつ、まあ言ってみれば職人ワザですなとここでは申し述べたい。

レシピなどというものがあっても頼らない。勘で全て対処するし、それでほとんどの場合素晴らしい結果につながっている（ごくまれに例外のケースもあるが）。

日本人はそういう職人ワザに長じた人が伝統的に多い民族だと思う。超ぶきっちょな私などは、出身元組織のモノづくりの現場などで、舌をまくような技術・技能の持ち主の方々に深い畏敬《いけい》の念を抱き続けてきた。

しかしそういう時代がいつまでも続くのかどうかは予見を持たずに考えておく必要がある。もちろんその強みはできる限り保ちつつも、そういう職人ワザを持たない人たちが世の中に多くなっていることも事実であり、また日本の感覚だけでは通用しない世界標準の広がりや、そして近未来にはＡＩがこのあたりの姿も大きく変えていくことが必至だ。

一方ではここ最近、ルールがあっても勘に従って、あるいはなんとはなしの常識に従って、そちらを優先して行動してしまうことが、結果としてとんでもない状況を生んでしまっていることを直視すべきだ。

連合は関係団体と協力しながら「ワークルール検定」を年に数回実施している。極めて忸怩《じくじ》たる思いをこめて言うならば、労働の世界ではレシピならぬワークルールの無視がまかり通っているのだ。ブラック企業・ブラックバイトなる言葉が流布して久しい。過労死・過労自殺もあとを絶たない。無視されてきたこと自体も大きな問題だが、ワークルール自体の実効性にもメスが入れられなければならない。

ところで「解散権」などというシロモノについても、職人ワザ的な対応は、今日危険を伴うものとなっているのではないか。

まるで低投票率をあてにしたような党利党略の解散などはすべきではない。本来、700億円もの国費を使うのであるから、余程《よほど》のことでなければ大上段に構えて民意を問うなどということにはならないはずだ。選ばれた人たちが粛々と落ち着いた環境のなかで世の中に必要な法律を制定していくのが国会であるはずだ。ワークルールを立て直すという喫緊の課題こそ優先すべきだ。

昔はそんなやり方でも政治はまわっていたのかもしれないが、もうそれはやめましょうよ。いまどきはレシピが大事だ。

2017.1.22

究極の犬、リン

わが家の犬猫たちの始祖であった「リン」が12歳で亡くなってからまる五年がたった。たまたま長女がペットショップの張り紙の里親募集でこのリンを見つけてきたのだが、生きている間にこれだけの素晴らしい犬に出会うことはもうないだろう。いや人間を含めた全ての生物を通じても、これだけの存在には出会えないとさえ思う（ここまで言うと日ごろお付き合いさせていただいている人間の皆さまには大変失礼な話ではあるが……）。

柴犬（父）とラブラドール（母）の間に生まれた雑種犬のリンの素晴らしさは枚挙にいとまがない。なんといってもすごかったのは、ケンカをみると必ず止めに入るということだ。それも必ず強そうな犬の方に向かっていく。飼い主としてはハラハラするどころの話ではないが、止めに入られた犬の方は、自分よりもずっと小さい雌犬に仲裁に入られて我を取り戻すのだろうか、最後は仕方ないなあという感じになり一件落着する。

とにかく異常事態を収めたいというその矛先は犬だけではなく人間にも向かう。夫婦喧嘩《げんか》は犬も食わないなどというがそんなことはない。うちは随分と止められたものだ（どちらに止めに入ったかは……ご想像のとおりである）。

何かおかしいと思うと必ずそこに向かっていく。こちらが腕立て伏せをしたりすると、頭がおかしくなったのかと言わんばかりにやめろやめろとまとわりついてくる。健康対策で後ろ歩きをしている人などをみつけると今にもダッシュしていきそうで制止するのに苦労したものだ。

いわばおせっかいの性分でもあったわけであるがしかし、危険を顧みずとにかく向かっていくというその姿は本当に感動的だった。

母性本能も極めて強かった。カミさんが生まれたての捨て猫たちを拾ってきたときなどは、自分に世話させろといって引き下がらず随分と手を焼いたものだ。

子犬たちの食べ残しなどはきれいにさらえるからエサ入れはいつもピカピカだ。自分の体の汚れなどもベロで全て掃除してしまうから、たまにシャワーで洗ってやったりすると、なんちゅう余計なことをするんだと体をマットになすりつけて全身で抗議する。また子どもの教育にも長《た》けていて、プロレスごっこを教える一方で、本気で向かってくる相手を傷つけずに組み伏せる技も伝授していた。

そんなわけで、「見て見ぬふりをしない」「世話をいとわない」「熱心に後進を育てる」……気が付いたらこれらは皆、労組役員の鑑《かがみ》のようなことばかりである。亡くなってからも追憶のたびに頭が下がるのだ。

彼女は肝臓がんであと10日の命と宣告されてからも3カ月近く生き抜いた。必死に食べて、必死に歩いた。夜中も思いついたら廊下を歩きだす。カミさんの懸命な介護を私も随分手伝って大変だったが今思えば充実した日々だった。

リンはかくも究極の存在であった。

2017.2.5

多摩川のウンコおばさん

一時期、私のカミさんは「多摩川のウンコおばさん」を自称していたことがある。

さすがにそれは……ということで、まわりの方々がカミさんに対する呼称としては採用しなかったので幸か不幸かこれは定着しなかったが、彼女の心は今も多摩川のウンコおばさんである。

散歩中、犬たちがウンコを無事し終えると、彼女は満面の笑みとともにその犬をなでくりまわす。「えらかったねーいい子だねー」

すると他の犬が負けじと立派なウンコをする。そして彼女は同じように満面の笑みで喜びを共有する。

毎日がこの繰り返しなわけだが、排せつが順調か否かは犬も人間も健康維持の最重要事項だ。犬もたまには便秘気味なこともあるわけで、その場合は、うんこーうんこーと犬たちに声を掛けながら歩き続ける（知らない人からはやっぱりちょっとおかしいと思われてる）。

あるいは、ときに体調の異常を心配し、手に取ったウンコを分析しその原因を究明する（一応ビニール袋越しにさわってます）。

そして彼女が自負とともにこの称号を自らに与えていたその最たるものは、必ずウンコは拾う、絶対に放置しない、ということである。ウンコを拾うその手際の良さはたいしたもので、付着物を残さずあっという間に拾いきる。たまに見つけにくい草むらなどにすることがあっても必ず拾いきる。すぐに見つけられない場合も執念を燃やす。五分十分探してもわからないようなときは私が「人が踏んづける場所じゃないしもういいんじゃないのー」と音《ね》をあげるのだがなかなか妥協は成立しない。

この厳しさは身内にとどまらない。他人にも容赦はしない。遠くからでもウンコ放置の現場を発見すると、飼い主に対し「ウンコ拾えー」と大声で怒鳴るのだ（最初は私もびっくりしたもんだ）。

この種のエピソードを語りだすと話題が尽きないので、へたすると、なんだ今週はウンコの話だけかとあきれられるかもしれない。紙幅との関係でちょっとあせりつつ、話を本題に転じたい。

カミさんのウンコ哲学を通じて感じることは、「他者の立場に立って物事を考えること」の大事さであり、そしてまた、「見て見ぬふりをしないこと」の大事さである。

せちがらい現代社会においてこの二つの概念はともすると対立概念のようにとらえられていはしまいか？　周りに気を使うあまり言いたいことを言わずに我慢してしまうとか、さらには他人との接触そのものを避けるとか。あるいは逆に包容力を欠き自分の主張だけをがなりたてるとか、人の意見に耳を貸さないとか。

しっかりした労働組合や労使関係の現場ではこの二つの概念を両立させている。それがないがしろにされるとブラック企業やらパワハラ・セクハラのモンスターが跋扈《ばっこ》してしまうのだ。

問題を放置しない労使関係づくりに努めていこう。

2017.4.2

クリティカル・マスとは？

家からの出勤の日はカミさんと犬たちとの早朝の散歩を欠かさない。きれいな空気を体いっぱい吸い込むことは何よりのぜいたくだ。

早朝でもあり行きかう人たちの数はまださほど多くはない。しばしば顔を合わせるおなじみの人も結構いて、お互いの「おはようございます」の挨拶《あいさつ》はこれもまた元気のもとという感じだ。

カミさんは昔から誰でもとにかく大きな声で挨拶する。初対面でも誰でも彼でも。ホームレスの人たちともよく顔を合わせていた時期があって、なんと彼女自身をホームレスと勘違いしていた人もいたくらいだ。

私も一緒の時は同じように大きい声で挨拶するわけだが、長い橋をわたるときなどは狭い幅のなかでの対面通行なので、様々な反応ぶりが明確で興味深い。

私の勝手な見方であるが、三分の一の方々はきっと犬も好き、間髪入れずに挨拶を返される。一方ではなんでこんな知らない人から挨拶されなきゃならないの、犬もいやだし、みたいな感じの方々も三分の一。残り三分の一の方々は、別にこだわりはありませんよ、まあ変な人じゃなさそうだから、てな感じでいつの間にかお互い挨拶をかわす間柄になる。

ということでお互いに名前はおろか氏素性も全く知らないのによく顔は合わせて挨拶をする人がたぶん100人は下らない。

実は私はいつもこの、「三分の一」とか「3割」というものが大変意味のあるレベルではないかということをぼんやり考えていたのだが、先日、女性活躍推進との関係で「3割」が重要な分岐点だということを聞かされて、「やっぱりなー」と思った次第。

「クリティカル・マス」というんだそうな。量的変化が質的変化に転じる境目のことである。女性参画においても、3割程度を超えるとものごとに急速な変化が生じると言われているらしい。

女性活躍という掛け声は随分前からあがっているが、昨年10月発表の男女平等ランキングで144カ国中111位というのがわが日本の実態であり、あろうことか依然としてこの順位は低下傾向。日本はいわゆる「二〇二〇三〇」、2020年には一線で活躍する女性を全体の3割にする決意だ。しかしこのランキングの発信元の世界経済フォーラムからは、今のペースでは、経済的平等社会が実現するのは170年後になるかもしれないと言われている。

かくいう私たち連合傘下の労働組合も女性執行委員比率は直近の調査でもまだ11・8%。実は「二〇二〇三〇」は連合が先に言い出したことなのだが、だいぶお尻に火がついている。一方では女性執行委員が複数になるとその労組の活動の充実度が増すという客観データもあるのだ。がんばろう!

女性活躍を阻害している要因は様々あるが、長時間労働是正や同一労働同一賃金の問題はまちがいなく最大級の要因だ。今成立目前の議論を、なんとかして実効性ある問題解決につなげたい。質的変化を実現させよう!

2017.4.2

春闘はさらに続く

わが家の犬三匹猫二匹のなかでまだ本欄に登場していないニモ君をぜひにというリクエストが、ごく一部ではあるが無視できない身近なところより届いていた。

今回はついに本邦初公開と相成るわけであるが、しかしこれは決して、(今はやりの)

忖度《そんたく》の結果ではない。純粋に彼の前向きな気持ちに敬意を表してのことである。

もうすぐ9歳となるシーズー犬のニモ君がわが家にやって来たのは今からおよそ一年前、気の毒にも愛するご主人様があの世に召されてしまった直後のことであった。彼は実は同じ体験を以前にも余儀なくされるという辛《つら》い境遇をたどってきており、わが家に来た時もエサが喉を通らないという状況であった。

しかし気持ちだけはしっかりしていて、先住者の犬猫たちに臆することなく確実に居場所を確保した（ただし居場所を確保する最高の手段はションベンの臭いを根拠とすることであり、しばらくちょっと大変だったが……）。

彼は階段を上ることができないという触れ込みだったが、玄関が二階のわが家を出入りするのにいつまでも抱っこばかりというわけにはいかない。階段の前では足がすくんでしまうニモ君を粘り強く説得・指導し、今では当方が追いつくのが必死という快足である。

犬という動物の特徴でもあるが、頑張る姿が表に出る。それをみている人間たちも、頑張ろう、となる。前向きな気持ちを進歩につなげるというところが、太古の昔から人間のパートナーたり続けている所以《ゆえん》であろう。

さて春闘真っ盛りである。さすがに犬たちが登場するわけではないが、私はこの春闘という営みは如何《いか》に労使がそのお互いの前向きな気持ちを進歩につなげていくかという意味での闘いだと思っている。

そしてこの営みが成功している労使においては間違いなく「生産性」の重要性が共有されている。生産性の三原則をご存知だろうか？　１９５５年、日本生産性本部が確立した三原則とは、①雇用の維持・拡大、②労使の協力と協議、③成果の公正配分、というものであり、ややもするとコスト削減だとか人減らし等の労働強化的な文脈で語られるイメージとは正反対のものなのである。

かつてのインフレ時代の春闘とは違って、一つひとつの労使が主体的にこの三原則を体現しなければ春闘は成り立たない。それぞれの企業も産業も発展しない。

そしてそこで重要なことは労使の努力で実現した付加価値に相当する対価を確実に外から得ていくことだ。取引先の不当な買いたたきや、立場に乗じた無理難題をはねのけることが不可欠だ。社会全体の理解やバックアップもなくてはならない。

そんなことといっても何をどうしたらいいのという御仁はぜひ連合にご一報を（取引問題のお悩みについては、電話03－5295－0514へ、労使関係づくりについては、0120－154－052へ）。

生産性向上の連鎖こそが春闘の神髄だ。

2017.4.23

反骨精神と元気なからだ

私事にわたって恐縮ながら、父が亡くなってまる三年となる。

大正15年生まれの父は陸軍に召集されたものの終戦を内地で迎え、戦後の十年間、母とともに舞台演劇に打ち込んだという人であった。戦後間もない頃であっただけに、明大演劇部の時代を含めて人に教えることも多かったようだ。山田吾一さんやいずみたくさん（もともと演劇出身）といった方々のお名前も仲間を語るなかで何度か聞いたものだ（その後演劇好きのDNAは私をスルーして三人の子どもたちに隔世遺伝で引き継がれた）。

しかし残念ながら演劇では子どもを養いきれぬということであったかと思う。私が生まれた翌年に開局した日本教育テレビ（現在のテレビ朝日）に入社し、以来テレビマンの人生を送ったが、終生、反骨精神が旺盛であった。

寝たきりになり認知症を患ってからも、私が連合の事務局長になったことを心から喜んでくれていた。妹がみせたスマホのニュース画像に登場する私をみて、「大衆に貢献する息子をもててうれしい」などと話していた。

おじき（父の兄）も若い頃は国労の青年部で、のちの共産党書記局長金子満広と競い合ったそうだ（紆余《うよ》曲折があったようでその後金融機関へ転職した）。

そんな血筋のなかで、私もなにがしか反骨精神のＤＮＡは受け継いでいると思っているのだが、昨今の状況においては、率直に言ってその発揮の仕方は一筋縄ではいかない。

しかしいずれにしても労働組合の役員という存在は、それぞれの立場なりにこの反骨精神というやつがないとふらついてしまう。良い意味で頑固であることが求められる。そして究極のところ、「いつ何に対して」頑固を貫くかが常に問われるのだ。

野党が国民の期待を受けとめる受け皿になり切れず、現政権の支持率も多少の波はあっても高水準を維持している。そんななか気になるのは若年層の方々における受身的思考の広がりである。最低賃金の引き上げや同一労働同一賃金、長時間労働の是正等々、皆もともと連合が主張してきたことだ。ネズミをとる猫は白かろうが黒かろうが良い猫なので前に向かって補強すべく参画してきているが、若い人たちのなかで「だまっていても政府は良いことをやってくれるんだ」などという意識が広がってしまわないかが大変気がかりだ。現在のシニア層がかつて醸し出していた時代の雰囲気からはかなり変化してきている。

病床でも反骨精神を垣間見せた父であったが、残念だったのは最後の一年半弱は点滴が頼りの病床人生だったことだ。認知症も入ってしまったなかで、からだの苦痛を余儀なくされたり、種々の妄想に悩まされたりもしていた。

健全な反骨精神は民主主義の基盤であり宝だ。宝はしっかりと引き継いでいきたい。そのためにもジジババの皆さん（私も含めて）、しっかりとした運動・食事で元気なからだをキープしていこう！

2017.4.30

女性の視線が世をただす

球春到来だ。

野球大好き人間の思いのつんのめった表現で誠に恐縮ながら、たとえ草野球でもじっと見ていて飽きないくらいのマニアからすると、この時期はやっと年が明けた感すらある。

忙しくなってからは贔屓《ひいき》のチームの状況も子細にフォローできない日々だが、しかしそれだけに、ごくたまにじっくり試合をみる機会があると、自分が野球ファンを自任して以降の約50年間の大きな変化を感じる。

一言でいえば随分と洗練されてきたように思うのだ。今や「プロ野球開幕」というよりも「NPB開幕」の方が普通にスッと耳に入ってくるのではないか？

「プロ野球」という語感自体、オジン臭い時代の雰囲気を漂わせる。昔は試合も終盤になると酔っ払いどうしが外野席でケンカになり警備員が止めに入るなどということがしょっちゅうあった。野球を楽しむという本質はどっかにすっとんで単なるオヤジたちの意地の張り合いの舞台と化していたのだ。

それを考えると昨今のカープ女子たちの輝きはまさに隔世の感があるではないか。どこまで野球をよく知っているかは千差万別のようであるが、間違いなく球場の雰囲気は明るい。なんといっても客層が広がった。

球団の経営努力や選手会の地道な取り組みもさることながら、女性の視線が飛躍的に厚みを増したことが球界を救っているように思える。二リーグ制維持が危機にさらされた13年前がウソのようだ。

私はこれからの時代、女性の視線が厚みを増すことが日本の経済・社会を救う最大のカギではないかと思っている。

なかでも最大のポイントは長時間労働の是正だ。男性正社員中心構造のもとでの悪《あ》しき常識を背負ったこの七十年間、長時間労働の問題は、多少の波はあったにせよ、本質は何一つ解決されなかったといっても過言ではない。

実は1986年に男女雇用機会均等法が施行される当時まで、女性には時間外労働の上限規制が存在していたことをご存知であろうか？ なんと年間百五十時間、週六時間、一日二時間というものである。たった三十年前の話である。それが今でいう女性活躍のために男並みに働くべしということで段階的に緩和されて、ついに1999年には男と同じ条件になってしまったのである。

本当の意味で輝くべき女性たちが、悪しき男社会の常識の巻き添えをくらってきてしまったことが、今わが国が抱えている数多くの矛盾を生み出した元凶なのではないだろうか。

いわゆる非正規雇用の比率は今や女性の6割近くにもなる。子育てや介護の問題など依然としてその重荷の大半は女性が担わされているのが実態だ。そして性別役割分担というもう一つの悪しき常識……。

今度の時間外労働上限規制は罰則付きで史上初めて男にも女にも適用されるものである。

女性の視線こそが世をただしていく。

2017.4.16

労働運動に国境はない

犬たちはションベンによるマーキングで己《おの》がテリトリーを確保し誇示することはよく知られた事実である。ただしこれも個人個人（個犬個犬）で随分と性格の違いがあるもので、わが家では大型犬のべべはあまり執着がなく適当なマーキングなのだが、ずっと小さなニモの方は強気で拡張主義的である。このべべの痕跡にかぶせるようにションベンをまく。そしてまた器用に小出しにしながら他の犬のそれにもかぶせていき、多くの領域をわがものとしていく。

一方、人間たちはまさかションベンで陣地争いをするわけにもいかず、そこに武力というものがからんでくるから誠に物騒な社会を形成してきている。

わが国でも長い歴史のなかでいくさが繰り返されてきた。なかでも戦国時代は権謀術数が渦巻き、多くの民も巻き添えをくらった。テレビドラマを見るたびにあんな時代に生まれなくてよかったなあと思う。

大きな反省があったのだろう、そのあとの徳川の時代、江戸幕府はなんと約二六〇年間の和平を実現している。しかしその同じ日本人が明治以降は、あの大戦までファナティックな戦争を繰り返してきた。いったいどっちが本来の日本人だ？

歴史が示す如《ごと》く日本人はどちらにもなりうる存在なわけだが、願わくば江戸時代二六〇年の歴史を実現した方の知恵を大事にしていきたいものだ。もちろん全てがハッピーだったわけではないにしても、日本人として誇れる知恵であったことは間違いないと思う。

そういう意味ではヨーロッパの歴史をみると人類も捨てたもんじゃないと思う。ヨーロッパの歴史は戦争に明け暮れてきた歴史だ。とりわけ欧州連合（ＥＵ）の中心をなすフランスとドイツはかつて、しょっちゅう戦争を繰り返していた。しかし戦後、石炭鉄鋼共同体という枠組みからスタートして段階的に統合を進め、ＥＵという姿をつくりあげてきた。

しかし、だからこそ今、足もとの英国のＥＵ離脱やフランスの大統領選、米国のトランプ体制の行方をは世界中が心配しているのだ。経済も安全保障もバランスをくずす大きな懸念から目を離すことができない。そもそも人類の良質な知恵の部分で統合を果たしてきた流れが毀損《きそん》してしまうようでは元も子もない。

歴史は繰り返すなどというが、核戦争の脅威にさらされる現代においては、そんなことを繰り返す余地はもうないのだ。

私たち労働組合はご存知じのように「連帯」を最大の拠《よ》り所とする集団である。当然ながら分離分断は最大の敵である。国際労働組合総連合（ＩＴＵＣ）に加盟する世界163カ国の労働組合にとって、足もとの分離分断的流れをどう押しとどめていくかは共通の課題である。日本の知恵の良質な部分も国際場裏でしっかりとアピールしていかねばならない。

世界の労働者の祭典・メーデーが間近に迫ってきた。こんな思いを届けていきたい。

2017.5.14

本当の意図がみえない不気味さ

組織犯罪処罰法改正案の議論が注目されている。例の通称「共謀罪」の法案審議に関わる問題だ。

注目されてはいるのだがなんだかよくわからない。それなりにマスコミにも取り上げられるのだが、結局よくわからない。あの話はどうなったんだろう？　ちょっとまずいんじゃないの？　でもとりあえず自分が困ることはないしなあ。あの森友も疑問だらけのままだけど、世の中まあこんなことなんでしょう……。

まして今回はテロ犯罪対策などと言われている。これが通らないとオリンピック・パラリンピックにも支障があるなどと言われるとそりゃあ法律つくらないとなあ、と皆思ってしまう。でもなんかおかしいよなあ。

わからないことをわからないままにしていてはあとあとに禍根を残す。メーデーの挨《あい》拶《さつ》でこの問題について以下のように言及した。

「この法案には結社の自由、思想・良心の自由といった根本のところで解明されていない点が大変多く残っている。真摯《しんし》な国会審議を求めるものであり、それらが明確にならないのであれば、法案は取り下げられるべきだ」

私たち労働組合は、そもそもが人が集まってさまざまな計画をつくり実行につなげていこうとする組織だ。もちろんのこととして組織犯罪などを意図するものではない。しかし一歩間違えればそのような誤解・曲解を誘発しかねない場面はままあるのではないか。

一昨年の労働者派遣法や安全保障関連法の国会審議に際しては国会前での座り込みや集会で猛烈に反対のアピールを繰り返してきた。

これらは当然の合法的な取り組みであって、集まった人たちも、連合がやっていることなのだからという安心感も含めて行動をともにしてもらっているわけだが、この法案はそんなところにも大きな不安の影を落としている。

米国政府の監視システムを告発した、かのスノーデン氏によれば米国のあのノウハウは日本の政権にも供与されているという。あなたのメールの文章も友達とのラインも全てお上はお見通しというわけだ。

森友問題はたとえ雲散霧消したとしても私たち国民には直接的な被害はないかもしれない。しかしこの問題を同じように他人事《ひとごと》で考えてしまうと、将来世代にとんでもない被害の温床を残してしまう可能性があると言わざるを得ない。

江川紹子氏が、BSのある番組でおっしゃっていたことが印象的だ。この法案が通ったとしてもすぐに事態が一変するようなことはないでしょう。しかし曖昧さを残したままではいつかそれが当初の説明を超えた捜査を合法化することにつながってしまうのだと。

この懸念は非常に素直なものだと思う。そして一連の経緯に対しては、本当の意図がみえない不気味さを感じざるを得ない。

政治の場は対立だけでは国民が不幸に陥る。特に政権与党の側は、歴史に汚名を残すことのないように、自らを厳しく律して審議に対応してもらいたい。

2017.5.28

猫のツメの垢を煎じて飲め

朝の四時ころ尿意でいったん目が覚めるとそのまま眠れなくなるという悩みをお持ちの年配諸氏は多いことと思う。私もその一人であり、特に仕事のことなど考え出すと思考が頭のなかで止まらなくなったりして困ったものである。

これに加えて最近は、ホドリ（キジトラ・12歳）とナーラ（白・10歳）という二匹の猫たちににじり寄られるという思わぬ展開の毎日が続いており、今朝もやや頭がポワンとしたなかでこの原稿を書いている。

なんでこんなジイさんが猫たちに急にモテモテとなったのか？　わが家の動物博士たるカミさんによれば、犬猫たちの世界の微妙な秩序の変化が背景にあるようだ。

新参者の子猫ビワサク（黒・二カ月）の出現により、従来の平穏な日々にさざ波が生じている。普段は一般の猫同様に気ままなホドリだが、このような戒厳令的事態を迎えると俄然《がぜん》最長老の本領を発揮する。ある日カミさんが子猫ビワサクを従順温厚なゴールデンレトリバーのべべに初めて対面させたところ、不遜にもビワサクは威嚇の態度をとった。なんとこのとき、カミさんの要請に応えたホドリは黙って猫パンチを三発、ビワサクの頭に軽く見舞ったのである。

以来ビワサクはその態度をあらため、とりわけホドリに対しては尊崇の念を明確に示している。いずれビワサクがケージ生活に終わりを告げて自由奔放に走り回り跳び回るであろうときのことを考えると、このホドリの存在は実に頼もしい。今は亡きスーパー犬リンが手塩にかけて育てたからこそのことだ。

あきれて読んでいるかもしれぬ読者の皆さん方の顔を想像しつつ、めげずに解説を加えるならば、彼ら彼女らは実に集団全体のことをよく考えているし、リーダーのもとで一人ひとり（一匹いっぴき）が幸せに暮らせるように努力を重ねている。

何よりも大事なことは一人ひとりの生き様を正面から受けとめていることだ。根っこにいつくしみの情があるのだ。

連合は全国各地で、不当な働かせ方をする企業との闘いを展開している。特に足もとでは、全ベルコ労働組合（連合北海道・情報労連）の闘争と、ＴＣＳホールディングスによる組合つぶし阻止の闘争（ＪＡＭ傘下のセコニック労組・日本コンベヤ労組）が焦眉《しょうび》の課題だ。

全ベルコ労働組合のケースなどは、昨年7月時点で全従業員７１２８人のうち正社員はたったの32人というトンデモ企業との闘いである。大半の従業員は業務委託契約によるものであり、労働基準法も最低賃金も適用されない。年金や健康保険等の保険料も支払われない。こんなものが許されるならば日本の雇用社会は成り立たない。一人ひとりの生き様を無視し物扱いするような企業の横行を断ち切らねばならない。

しかし一方では「雇用関係によらない働き方」をもてはやす勢力もいるのだ。社会の立て直しにはホドリのツメの垢《あか》が必要だ。

2017.7.9

選ぶ側と選ばれる側と

わが家の犬猫たちは本当に運のいい奴《やつ》らだとつくづく思う。皆捨てられていたり虐待されていたり、あるいは飼い主と死別してしまったりと、世の中の運の悪さを一身に浴びていたところが、どういう巡り合わせだったのか、うちのカミさんに引き取られたことによって、今や最高水準の幸せな環境を享受しているのである。

犬猫たちと人間たちとは古来、深いパートナーの関係にあるが、しかし犬猫は飼い主を選ぶことはできない。与えられた境遇のなかでただひたすら生きていくしかない。

一方、人間の世界ではお互いに選んだり選ばれたりという関係のはずだが、実際のところはどうであろうか？

戦争中の日本人は自らの運命を能動的に選択することはほとんどできなかった。

さる6月23日に沖縄で県と県議会主催の全戦没者追悼式に出席し、午後には連合の平和集会を主催、翌日は地元沖縄と大分の若手役員の案内によるピースガイドツアーに参加し、あらためて当時の過酷な状況における人々の思いに向き合ってきた。

既に知っている話でも新しい発見があるものだ。ひめゆりの塔に初めて行ったのは私がまだ20歳の頃で、何がこの地で実際に起きたのかということを聞いて帰りのバスのなかで涙が止まらなかったものだが、今回もあらためて、学校の先生を目指して勉学に励んでいた彼女らが突然徴用されて瀕死《ひんし》の重傷の兵隊の荒療治や遺体の運搬をさせられた揚げ句、最後は今日で解散、自分で生きていきなさいと放擲《ほうてき》されるに至るという理不尽の極致の事跡を振り返るとともに、このことが、当時の国家総動員体制においてすら、なんの法的根拠も持っていない徴用であったことを知った。

なんの法的根拠もない徴用なのだから、理屈からすれば拒否すればよかったわけで、先生方こそそれを明確にすべきであったわけだが、この時代においてはそんな選択肢は頭の片隅にもなかったであろう。

戦後、真の民主主義国家に生まれ変わった日本においては、理不尽なことは拒否する自由がある。権利がある。あるはずだ。

しかし毎年あわせて200件前後にもなるという過労死・過労自殺の現場はいったいどうなっているのだろう？　まるで戦時中と同じような理不尽がまかり通っているのではないか？　働く者の本来の「選択可能な立場」がどこかへすっとんでいってしまっているのではないか？

2017.7.23

言葉のすれちがい、言葉のぶつかり合い

犬のコミュニケーションがおしっこで成り立っているということは以前お話しした通りだが、彼らが人間の言葉をかなりの程度理解できていることも愛犬家には周知の事実だ。だいたい二、三歳の人間の子どもくらいの知能はあると言われており、自分の名前はもちろん、簡単な言葉はだいたいわかる。わが家の愛犬、今は亡きアンコは、会話のなかで「くすり」という単語を聞いた瞬間にそろーっとその場を立ち去っていたもの

だ。薬を耳につけるのが大っ嫌いだったのだ。

犬たちは、人間の、言葉をあやつる能力をどう評価しているのだろう。自分たちはワンワンとかクーンとかキャンくらいしか発声できないのだから、膨大な単語数を発することができる人間たちはスゲエ、とみてくれていると思うのだが、果たしてどうだろうか。

言葉が有効に機能しているならばケンカとか人殺し、はてはテロだ戦争だなどというものは起きないと思うのだが、人間の世界はどうも危ない。すぐお隣の国では将軍様なるヒトが大量殺りく兵器をいつでもぶっ放せるんだぞ、と胸をはっている。世界中で6000万人以上が亡くなったとされる第二次世界大戦が終結してからもうすぐ72年となるが、本当に反省してるんだろうか、というのがわが人類の実情である。

世界で最も平和を享受している日本においても、言葉の本来の機能が発揮されているとは言い難い。とりわけ国権の最高機関たる国会での状況はいかがか？　最高機関なのだから言葉の機能も最高に発揮されてほしいものだが、どうも最高にすれちがっているようだ。

厳しい言葉でぶつかり合っているようにみえても、すれちがっている。モリトモだ、カケだ、と言っても結局すれちがったまま。

しゃべり言葉では心もとないからといって書き言葉で残されたはずのものも、どっかにいっちゃったと言われる。まるで絶対にすれちがうようにするという信念に満ち溢《あふ》れているようだ。

もしかしたらこれは人類の最高の知恵なのか？　将軍様とトランプ様も、お互いの言葉はすれちがったままだ。すれちがったまま衝突にはなっていないので、ミサイル発射には至っていないということなのかもしれない。その間に危機のマグマは溜《た》まり続けるのだが。

最高機関ほどではないかもしれぬが、私たちの普通の仕事でもすれちがいは要注意だ。

お互いの言葉はすれちがっていないだろうか、あるいはぶつかって転がり落ちたままになっていないだろうか？　日頃のキャッチボールの基本ができていないとそれすらわからない。そして気をつけなければならないのは、転がり落ちたままの言葉は、自分の範囲の外、お互いにそれを取りに行こうとしない、どこかへ逃げる、となってしまうことだ。それでは誤解の連鎖は止まらない。

犬たちのような優れた嗅覚があるわけではないのだから、私たち人間はとことん言葉のキャッチボールを大事にしようではないか。

2017.8.13

真夏の夜に奇妙な夢をみた

お盆休みの最中、ある日の夜半、寝苦しくうつらうつらするうちに奇妙な夢をみた。

安倍総理の緊急会見だ。

「人づくり革命を強力に推進します。人づくり革命・国家改造計画のもと、財政負担のあり方についても勇気を持って踏み込み、将来世代に活力ある日本を引き継いで参ります」

さすがは官邸の誇る抜群の危機管理能力だ。モリトモだカケだ、ニッポウだフリンだハゲだなんだと、もういい加減うんざりという感じが国民にはある。一方では、ここまで借金を積み上げておいて、アベノミクスがどうこうといったって急激な少子高齢化のもとではしょせん焼け石に水、日銀もいつまでも打ち出の小槌《こづち》であり得るはずがない。

パッチあてに手堅い顔ぶれを登用した内閣改造で支持率下落にひとまずの歯止めをかけ、起死回生の一手はこの王道中の王道であったというわけだ。

政治はときにサプライズで大きく動く。消費税10%への到達は二回も先送りされ、世の中の空気はどうせまた次も先送りさ、という感じになってしまっているが、このサプライズで一気に目が開く。会見は続く。

「教育の無償化を断行します。消費税は15%とし、同時に低所得者対策である軽減税率を断行します。社会保障の将来への道筋も確立させます」

軽減税率実現には既に手を握っている公明党がニコニコ、そしてメリットを享受する新聞各社もニコニコ。教育無償化はわが持論であるなどといい維新もニコニコ。

そしてこれら全てを取り込み解散まっしぐらだ。〇〇ファーストはまだ実態もさだかではない。民進党も代表選後の立ち直りは未知数。あろうことか風頼みを目論《もくろ》むトンチンカンな離党者さえいる。

おいおいこれいったいどこまでが夢なんだ？

「わん！」……あれ、なんだやっぱり夢か。いやーそれにしても変な夢をみちまったなー。

しかし考えてみれば、このへんの政策はそもそも皆コンセプトとしては民主党政権以来こっちのものではないか。それどころか、天下の愚策と言われる軽減税率ではなく給付つき税額控除こそ真の低所得者対策であるとか、教育無償化に所得制限は設けるべきではないとか、政策通がみれば間違いなくこっちの方がまともなのだ。またもやの争点隠しだな。

いやいやこれは夢なのだ。それにしてもこりゃやばいぞ。民進党が議論を重ねてきた「尊厳ある生活保障総合調査会」の考え方を早く世に問うべきだ。前原さん、枝野さん、いずれが代表になろうとも、党として進めてきた議論を、万全の自信をもって打ち出すべきだ。マスコミは二人の代表選を「リベラル対保守」などというつまらない構図で取り上げるが、お二人の生い立ちや理念はそういう違いで隔てられるものではない。一強政治はもうこりごり。将来世代の日本がこのままではつぶれてしまう。負担の姿を語れる勇気を持った集団が一致団結することを心より望む。

2017.9.3

主役は誰だと思われますか？

わが家で最も新参の子猫ビワサクも生後5カ月を過ぎ、人間でいえばもうすぐ小学校高学年だ。当初に比べればだいぶ落ち着いてはきたが、お兄ちゃんお姉ちゃんにまとわりつこうとするヤンチャぶりは相変わらずだ。

犬猫人間が混然一体となって暮らす毎日は慣れてしまえばどうということはないのだが、慣れるまでの間は犬たちにも猫たちにもそれぞれの苦労がある。それをいかにソフトランディングに持っていくかというカミさんの苦労は、はたで見ていても並々ならぬものがある。犬も猫も実に繊細である。ちょっと環境に変化があったり、飼い主からの愛情に影を感じたりするとたちまち体調に変化を生ずる。あまり経験のない御仁はホントかいなと思われるかもしれないが、メンタルの面で実に敏感なのだ。

一緒に住む彼ら彼女らは言うならば家族のような存在である。カミさんの頭の中では犬猫たちそれぞれがまさに「わが子」であり主役である。そして私もいつの間にか彼ら彼女らの視座や、そこからのものの見方を共有するようになっている。だから突然わが家の一員となったビワサクが家中を猛スピードで走り回り、ときに跳びかかってくる事態は、中高年の先輩犬猫たちにとってはまさに心のさいなまれる事態であったことがよくわかる。

今、世の中は「働き方改革」議論真っ盛りであるが、この一連の問題、実は本質は「働かせ方改革」だという見方がある。

この問題の主役は誰か？　主役は本来間違いなく働く者一人ひとりだ。だから素直に考えれば「働き方改革」で間違いないはずなのだが、それがどうして「働かせ方改革」ととらえられるのか？　それはきっと「働かせる人が働く人を主役として考えているのか」ということがこの問題の最も本質になっているからだろう。

足もと、関係する労働法制についての審議会議論の終盤、法案要綱をアウトプットし、国会審議につなげていこうという段階である。なかでも、長時間労働を是正する大きな流れを実現できるのか否かということで、労働基準法改正の内容に注目が集まっている。

労働基準法とは、そもそも労働条件の最低基準を決める法律である。働く者にとって最低限必要なワークルールである。その最低基準の考え方がないがしろにされるような一切の動きに私たち連合は反対である。この当たり前のことが一時期世の中に伝わらなかったが、やっと今私たちの視座が正面からとらえられるようになってきた。

しかしマスコミの多くの注目は政局にあるのだろう。すると政権が主役となり労働者は脇役となる。あるいはまた一部の新聞は経営層を主役として見ていることも明白のようだ。

もちろん働く者を純然と主役として考える、頼りになるジャーナリストもおられる。いわゆる政労使の三者構成の中で今私たち連合は政権と財界を相手に、孤軍奮闘なんです。どうか多くの皆様のご支援を！

2017.9.24

真ん中の広い道を真っすぐに

原稿〆切り直前の9月15日に「働き方改革」関連法案の要綱が答申された。いわゆる同一労働同一賃金の関係も含めて大事な話ばかりなのだが、ここでは紙幅の関係もあり長時間労働是正一本に絞って触れておきたい。

労働基準法という法律は本来、働く者の権利や命を守るための最低基準を規定する法律である。しかし労働時間に関しては、現行、いろいろとルールを設けていながらも結果的には何時間でも残業できる（残業させられる）という青天井の仕組みになってしまっている。

今回の法改正の最大のポイントはこれに歯止めをかけるということである。時間外労働の上限規制を罰則付きで設けるという内容だ。

実は今から七十年前に労働基準法がスタートしたときにも、この上限規制の検討はされたのだ。しかし、戦後の復興に大わらわのなかでそのような強制措置は組み込まれなかった。

その後七十年間、日本の経済社会は大きな変化をとげたが、青天井の問題だけは変えることができなかった。一方では雇用社会の劣化が進行し、過労死・過労自殺が年間200件近くも生ずるような国に日本はなってしまった。

上限規制は私たち連合・労働組合にとっての長年の悲願でもある法改正だ。植樹祭でもしてお祝いしたい歴史的な第一歩だ。ところが、せっかくの新しい木を植えようという時に、全く種類の違う接ぎ木をしてくれというのが今回の法案要綱なのだ。

高度プロフェッショナル制度の導入や裁量労働制の拡大などはどう見ても長時間労働是正という趣旨とは違う。「時間よりも成果に着目」などというが、そんなことは気の利いた労使は現行法制で十分に対応している。その陰にかくれて、悪用に向けて口を開けて待っているブラック企業にみすみすエサを与える必要がどこにあるのか？

この間私たちは全国紙の意図的報道の散乱に大いに悩まされた。極端な意図の一方の極は推進派だ。「脱時間給」などといい加減な雰囲気先行のネーミングのもとにひたすら高プロ導入推進論を唱える。「容認」を「撤回」した連合はけしからんと繰り返す。そもそも私たちは「容認」などしていないのだから「撤回」もあるわけがない。組織の突き上げで撤回したという勝手な説明まで繰り返す人がおられるが、結果的に政権にプラスになるような誤った刷り込みを続けるのはやめてもらいたい。

一方の極が推進派であれば他方の極はなんだろう。廃案派であろうか？ しかし私たち連合は、すべて丸ごと反対という姿勢をとるつもりは全くない。上限規制は石に噛り付いてでも第一歩を踏み出さなければならない。長時間労働是正に向けてあくまでも真ん中の広い道を真っすぐ進む。

2017.10.8

あとがき

「暮らしの底上げ」というコラムを連載させていただいた頃から、連載が終了したら本を出版しないかという話をサンデー毎日編集部からいただいていました。

共著のようなものを除き本を出した経験のない私でしたが、生来ものを読んだり書いたりすることは嫌いではありません。愛するカミさんや犬・猫たちが供給してくれる生活上のエピソードを労働運動の問題意識にからめて連載をこなしていた過程では、できれば本も出せればうれしい程度に漠然と考えていました。

しかし昨年半ばから実に様々な問題を抱えていくなかで、願望は切望に変化していきました。本書をお読みいただいた各位にはそのへんをご理解いただけるかと思います。

9月末からの混沌を経て一刻も早く世に出したいという思いが募りましたが、普段はなかなか時間がとれません。誤解されたまま時間が過ぎていってしまうことは私自身にとっても嫌ですが、あの当時の「奇策」に関して「連合が引き合わせた」とか、「強力に後押しした」などと世の中に誤解されたままということは耐えられない。死んでも死にきれない。

本格的に取り掛かることができたのは年の暮れとなりましたが、正月休みをあてることで大宗《たいそう》の部分を書き上げることがなんとかできました。文章の粗雑さはご容赦くださ い。またここで記述した内容は、具体的表現において組織としての確認を得たものではなく、全て神津個人の責任によるものであることもどうかご理解ください。

お話をいただいた城倉由光編集長、そしてタイトルの決定を含め親身にご指導いただいた編集部の向井徹さん、入魂のデザインをいただいた鈴木成一さんに、心より感謝を申し上げます。

そして、どんなことがあっても常に気持ちを前に向かわせてくれている先輩・同輩・後輩の諸兄諸姉同志にあらためて、深く御礼を申し上げます。

そして最後に、今は亡き両親について。

四年前に亡くなった父は根っからの信州人。そしていつも、持ち前の反骨精神を背中で語ってくれた人でした。

母は昨年途中からほとんどの時間をベッドの上で過ごすようになってからも丹念に新聞を読む人でした。年央からの関連報道には心を痛めていたようですが、「お父さんのときからだから」といって最後まで購読紙を変えることはありませんでした。10月22日、総選挙の開票を目前にした夜に息を引き取りました。

本書を亡き父と母に感謝をこめて捧げたいと思います。

2018年1月14日

神津里季生

神津里季生（こうづ・りきお）

1956年東京都生まれ。東京大学在学中は野球部マネジャー。卒業後、新日本製鐵株式会社入社。1984年、新日本製鐵本社労働組合執行委員となり、専従役員の活動をスタートさせる。途中、外務省と民間との人事交流の一環として、1990年より在タイ日本国大使館に外交官として3年間勤務。新日鐵労連会長、基幹労連中央執行委員長などを経て、2013年日本労働組合総連合会事務局長に就任。2015年より同会長。

神津式《こうづしき》 労働問題《ろうどうもんだい》のレッスン

二〇一八年二月一五日　印刷
二〇一八年二月二八日　発行

著者　神津里季生《こうづりきお》
発行人　黒川昭良
発行所　毎日新聞出版
〒一〇〇-八〇五一東京都千代田区九段南一-六-一七千代田会館五階
営業本部　〇三-六二六五-六九四一
サンデー毎日編集部　〇三-六二六五-六七四一
ブックデザイン　鈴木成一デザイン室
印刷所　精文堂印刷
製本所　大口製本

 ISBN978-4-620-32503-3